MANUAL DO
GOLDEN RETRIEVER

Márcio Infante Vieira

MANUAL DO
GOLDEN RETRIEVER

Prata

São Paulo-SP

Copyright © 2022 do autor.

Todos os direitos desta edição reservados à
Prata Editora (Prata Editora e Distribuidora Ltda.).

Editor-chefe: Eduardo Infante
Projeto gráfico de miolo e capa: Julio Portellada
Diagramação: Estúdio Kenosis
Imagens da capa e contracapa: Niko, macho de 4 anos, Canil Chasse, prop. Marisa e Luiz Schiavon
Imagens com legendas no miolo: Canil Chasse, prop. Marisa e Luiz Schiavon
Imagens sem legenda no miolo: www.freepik.com

```
Dados Internacionais de Catalogação na Publicação (CIP)
       (Câmara Brasileira do Livro, SP, Brasil)

  Vieira, Márcio Infante
     Manual do Golden Retriever / Márcio Infante
  Vieira. -- 1. ed. -- São Paulo, SP : Prata Editora,
  2022.

     ISBN 978-65-86262-03-2

     1. Golden retriever (Cães) - Criação 2. Golden
  retriever (Cães) - Cuidados I. Título.

22-109233                                   CDD-636.752
```

Índices para catálogo sistemático:

1. Golden retrievers : Criação   636.752

Eliete Marques da Silva - Bibliotecária - CRB-8/9380

Prata Editora e Distribuidora
www.prataeditora.com.br
facebook/prata editora

Todos os direitos reservados a autora, de acordo com a legislação em vigor. Proibida a reprodução total ou parcial desta obra, por qualquer meio de reprodução ou cópia, falada, escrita ou eletrônica, inclusive transformação em apostila, textos comerciais, publicação em websites etc., sem a autorização expressa e por escrito do autor. Os infratores estarão sujeitos às penalidades previstas na lei.

Impresso no Brasil/*Printed in Brasil*

Sumário

Apresentação 7

Capítulo 1
Conheça melhor o Golden Retriever. *11*

Capítulo 2
Como é a vida em uma casa com um Golden Retriever *15*

Capítulo 3
Alimentação adequada. *25*

Capítulo 4
Cuidados com a saúde. *31*

Capítulo 5
Adestramento e treinamento básico *41*

Capítulo 6
Tosa e cuidados higiênicos. *61*

Capítulo 7
Em caso de emergência com o seu Golden Retriever *71*

Capítulo 8
Como escolher um filhote *75*

SUMÁRIO

Capítulo 9
Fase de crescimento do filhote. *87*

Capítulo 10
Como criar Golden Retrievers. *91*

Capítulo 11
Período de lactação e como realizar a desmama. *109*

Capítulo 12
A história da criação do Golden Retriever *119*

Capítulo 13
Padrão oficial da raça. *123*

Sobre o autor. *127*

Apresentação

Existem cães de diversas raças, temperamentos, tamanhos, pelagens cores e com todas as variações possíveis dessas características, mas são muito poucos que se destacam, tanto pela beleza quanto pelo temperamento, como o Golden Retriever.

O Golden Retriever é uma dessas "joias". Um cão lindo, de pelagem majestosa, andar elegante e imponente. Mas ele está longe de ser apenas mais um "rostinho bonito" no mundo canino! Ele é um dos mais dóceis cães que existem. Costuma-se dizer que ele é tão bonzinho que se ele levar um tapa de alguém, é capaz de voltar abanando o rabo e lambendo seu agressor.

É um cão apaixonante, amado por crianças e adultos, um cão de tamanha fidelidade ao seu dono que é capaz de fazer qualquer coisa para protegê-lo e agradá-lo.

É uma das raças mais facilmente adestráveis e, por essa razão, junto com seu "primo menos peludo", o Labrador, O Golden Retriever é um destaque como cão-guia para cegos. Poucas raças se adaptam tão bem a essa função quanto o Golden Retriever!

Para as crianças, o Golden é pura diversão em forma de um lindo cão! Ele brinca, corre nada e se diverte com seus donos, como poucos cães sabem fazer. Um Golden em uma casa com crianças é sinônimo de muita alegria e de lembranças inesquecíveis!

APRESENTAÇÃO

Assim como nossas crianças, o Golden Retriever é um "crianção"! Ele gosta de correr e brincar como uma criança e com crianças! Basta jogar um graveto ou uma bola pequena, bem longe, que você verá o seu cão disparando a toda velocidade, para pegar e levar de volta o objeto ao seu dono. Isso também acontece se você jogar a bola ou outro objeto em um lago ou no mar! O Golden é um ótimo nadador e não pensa duas vezes antes de entrar na água para pegar o que quer que seja!

A beleza e a ternura do Golden Retriever fez com que ele se tornasse uma das raças mais difundidas no Brasil e em muitos países do mundo.

Neste livro você conhecerá todas as principais características do Golden Retriever, suas origens, aprenderá a cuidar melhor do seu amigo e a garantir muita felicidade para o seu cãozinho e toda a sua família!

> *É um cão apaixonante,
> amado por crianças e adultos,
> um cão de tamanha fidelidade
> ao seu dono que é capaz
> de fazer qualquer coisa para
> protegê-lo e agradá-lo."*

CAPÍTULO 1

Conheça melhor o Golden Retriever

Expectativa de Vida

Normalmente, a expectativa de vida de um cão Golden Retriever é de 10 a 12 anos, podendo chegar aos 14 ou 15 anos.

Temperamento e personalidade

O Golden Retriever é um cão bastante calmo, amigo e companheiro. Gosta de brincar e de qualquer atividade física; por essa razão, é um cão que apresenta um ótimo desempenho nas provas de *agility* (uma espécie de corrida de obstáculos).

Por ser muito calmo e tranquilo, é muito difícil vermos um Golden Retriever ameaçar avançar em alguém ou mesmo rosnar. É um cão que late pouco.

É um animal muito inteligente e, em pouco tempo de convivência com sua família humana, parece compreender perfeitamente muitas palavras, mesmo que não tenha sido treinado para isso. O seu alto nível de inteligência permite que seu adestramento seja feito com mais facilidade, se comparado à maioria das raças.

O Golden Retriever em atividades especiais

O Golden Retriever, como já mencionamos, é um cão muito inteligente e isso permite a ele realizar tarefas relativamente complexas e desenvolver certas habilidades especiais. A combinação da inteligência com o faro aguçado faz desse cão um ótimo "investigador", auxiliando a polícia na procura de drogas e outros produtos ilegais.

Como auxiliar dos bombeiros, em todo o mundo, é utilizado na busca de sobreviventes e mortos em grandes eventos trágicos, como terremotos, deslizamentos de terra etc.

Outra importante tarefa executada com grande eficiência por esses cães é a função de cão-guia para deficientes visuais. Juntamente com seu "primo", o Labrador, os animais da raça Golden Retriever são considerados os mais indicados para essa atividade, pois apresentam grande habilidade para aprender esse importante trabalho, que auxilia pessoas em todo o mundo.

Podemos ressaltar, ainda, devido à sua qualidade natural de grande nadador, que os Golden Retrievers se destacam no salvamento de pessoas na água. Existem muitos casos de afogamentos que tiveram final feliz, graças a um Golden Retriever.

O Golden Retriever e as crianças

É um animal muito carinhoso e, por essa razão, não poderia deixar de ser também com as crianças. O Golden Retriever é um grande amigo dos pequenos, se apegando muito a eles. Ter um Golden em casa é uma experiência muito boa para qualquer criança e, certamente, deixará ótimas lembranças para a vida inteira.

Um Golden Retriever na infância ajuda a criança a desenvolver o amor pelos animais e a compreender o respeito que todos nós devemos ter por eles.

CAPÍTULO 2

Como é a vida em uma casa com um Golden Retriever

Ser dono de um cão, especialmente do seu primeiro cão, é uma experiência que muda uma pessoa profundamente, algo aproximadamente comparável somente a ter um filho. A sua vida irá ser alterada em vários níveis e com consequências diversas. Os hábitos dos donos e a rotina da casa são irremediavelmente alteradas pela chegada do cãozinho e cabe aos moradores da casa se adaptarem à nova realidade.

O ensino, treinamento ou adestramento deve ser feito de maneira correta, seja pelo próprio dono, seja por um adestrador profissional. Mandar o cãozinho para a "escola" é sempre a melhor opção para aqueles que não dispõem de tempo ou da paciência necessária para realizar um bom treinamento. Devemos ressaltar que o treinamento ao qual nos referimos é somente o necessário para facilitar a convivência do cão com a sua família humana. Esse treinamento compreende, em geral, ensinar ao cão a não roer os móveis, a fazer suas necessidades na rua ou em um local determinado da sua casa ou, ainda, a obedecer aos comandos do dono como, por exemplo, a parar o que estiver fazendo quando ouvir essa ordem.

O que esperar do cãozinho

O Golden Retriever é um cão muito alegre e brincalhão. Gosta de fazer companhia aos seus donos o tempo todo. É um cão que certamente irá retribuir a todos os carinhos oferecidos com um amor incondicional ao seu dono e um companheirismo que cães de poucas raças são capazes de oferecer.

Ele será companhia certa e muito agradável, tanto para assistir a um filme no sofá, comendo pipoca, quanto para passeios em parques, praias ou, simplesmente, para passeios de carro (os Golden Retrievers adoram passear de carro!). Ele será, também, um amigo e guardião das crianças da família, com as quais brincará bastante e terá, certamente, muita paciência e carinho.

O que devemos oferecer a ele

Como em qualquer relação de amizade e companheirismo, o respeito pelo animal é um fator imprescindível para que o cão e seu dono tenham uma vida cheia de alegrias. Devemos oferecer ao Golden Retriever todas as condições necessárias para que tenha uma vida saudável e alegre, da mesma forma que o faríamos com um filho ou uma pessoa que viesse morar conosco.

Basicamente, além do amor e do carinho indispensáveis para uma vida saudável, devemos proporcionar ao cão uma alimentação adequada, levá-lo regularmente a um *pet shop*, para que tome banho e receba a tosa e, também, devemos manter seus pelos sempre escovados. Devemos, também, levá-lo, sempre que necessário, a um bom médico veterinário. Ainda, por se tratar de um cão bastante vívido, é importante que o levemos para passear regularmente, para que possa se exercitar, caminhado e, eventualmente, correndo. O ideal é levá-lo para passear diariamente, aproveitando os horários no qual ele faz as suas "necessidades".

A chegada do Golden Retriever em casa

Logo após a chegada do filhote em nossa casa, devemos levá-lo para "reconhecer o terreno", isto é, levar o cãozinho para cheirar todas as partes da casa e, especialmente, deixá-lo por alguns minutos (cerca de 20 minutos) no local que será destinado como seu "banheiro", caso não seja adotado o passeio diário.

Se houver crianças pequenas na casa, estas deverão ser "apresentadas" ao Golden Retriever, o qual, certamente, será um grande amigo e companheiro para os pequenos.

Devemos providenciar todos os acessórios necessários para a chegada do filhote como, por exemplo, potes para água e comida, brinquedos para cães, como bolas, mordedores etc. e, principalmente, não devemos nos esquecer de comprar e manter, sempre, um estoque razoável de ração e "guloseimas".

A rotina da casa com um Golden Retriever

A rotina de todas as casas, quando adquirimos um cão, é subitamente alterada. Essas mudanças, entretanto, podem variar bastante, de acordo com as características da raça e do temperamento individual de cada cão. Desta forma, ao adquirirmos um Golden Retriever, devemos saber que a rotina da casa será significativamente alterada, durante todo o período de vida do animal.

Podemos dizer que algumas mudanças são mais perceptíveis do que outras como, por exemplo, o tempo gasto pelo dono ou outra pessoa da casa, brincando, levando-o a passear para fazer suas necessidades e exercícios etc. Ainda, por ser um cão de porte maior, ao passear pela casa, especialmente quando abana o rabo (o que faz com muita frequência!), é possível que acabe quebrando algum objeto de adorno, que esteja em mesas mais baixas. Desta forma, o melhor é acabar por tirar esses objetos de valor, quebráveis etc., do alcance do cão e seu rabo. Além disso, é interessante que retiremos possíveis obstáculos à circulação do cão pela casa, pois ele acaba "forçando" a passagem e, finalmente, quebrando alguma coisa!

O Golden Retriever é um cão muito alegre e brincalhão. Gosta de fazer companhia aos seus donos o tempo todo."

É importante ressaltar que os cães dessa raça não possuem o hábito ou o instinto de latir por qualquer motivo, ou a qualquer hora. São cães conhecidos mais pela sua capacidade de "ouvir" do que de "falar", através do latido. Normalmente, só latem por motivos que podemos considerar razoáveis.

O Golden Retriever nos parques e praias

O Golden Retriever é um dos melhores cães para nos fazer companhia em parques e praias. A sua grande capacidade de nadar e de trazer objetos de volta para seu dono é garantia de diversão e brincadeiras. É possível inventar diversas brincadeiras que envolvam água e objetos em movimento.

Uma das preferidas dos Golden Retrievers é ter um objeto, como uma bola de borracha, por exemplo, arremessado pelo seu dono em um lago ou mesmo no mar. O cão entra na água com uma velocidade incrível, nada até alcançar a bola (que pode estar muito longe!), retorna, sai da água correndo e devolve a bola ao seu dono e, ainda, fica "elétrico", pedindo e esperando que a bola seja jogada novamente. É diversão na certa!

Como será acompanhar toda a vida do nosso amigo

Em primeiro lugar, devemos nos lembrar que um Golden Retriever vive, em média, de 10 a 12 anos; em muitos casos atingem os 14 ou 15 anos e, eventualmente, até mais.

Este fato, ou seja, o tempo de vida que esperamos poder compartilhar com nosso amiguinho é limitado e, a não ser por uma fatalidade, nós iremos sofrer com a perda do cão. É muito importante levar em consideração esse fato antes de decidir adquirir um Golden Retriever, pois o sofrimento costuma ser grande, especialmente se houver crianças na casa, que sempre tenham tido a companhia e a amizade do cãozinho que partiu.

Da mesma forma que um ser humano, o Golden Retriever ou qualquer outro cão, enfrenta o processo de envelhecimento e sofre com os efeitos da idade, tornando-se cada vez menos ativo. Desta forma, devemos ter em mente que a vitalidade e alegria dos filhotes acabam com o passar do tempo, dando lugar a um cão mais quieto, parado. Esse é o ciclo da vida, pelo qual todos nós passamos e, no caso de um cãozinho, será nossa responsabilidade cuidar para que sua vida seja a melhor possível, em todas as suas fases, desde filhote até o fim.

Caruzo e Graham mostram sua habilidade como nadadores.

Por se tratar de um cão mais "quieto", que não late muito e que não tem o hábito de fazer muita "bagunça" na casa, depois de devidamente ensinado, quando o Golden Retriever atinge uma fase de sua vida que já pode ser considerado um cão idoso, não sentimos tantas mudanças em seu comportamento quanto seria de se esperar em cães de raças mais ativas e "barulhentas". Desta forma, apesar de vermos e sentirmos muitos sinais da idade no cãozinho, esses sinais podem não ser tão evidentes, como em cães de muitas outras raças.

A velhice

Os cães "velhos", da raça Golden Retriever, a partir de 8 ou 9 anos de idade, vão perdendo a vitalidade e a resistência, ficam "moles", sem ânimo e passam a dormir durante mais tempo, não só à noite, mas também durante o dia. Vão modificando os seus hábitos alimentares, muitas vezes desprezando os alimentos de sua preferência e os trocando por outros bem diferentes. Se o cão está acostumado a comer, basicamente, ração seca industrializada, é a hora de passar a fornecer a ração para cães idosos, cuja composição é apropriada para essa fase da vida.

Brincadeiras em áreas externas e que envolvam piscinas, lagos ou até mesmo o mar, são um prato cheio para esses cães.

A velhice, em geral, pode provocar diversas alterações no comportamento e na aparência desses animais, entre as quais temos:

1. Embranquecimento dos pelos;

2. Olhar mortiço e olhos esbranquiçados, com catarata;

3. Comportamentos repetitivos, como latir sem parar e sem nenhuma razão aparente para isso (o que é mais "estranho" ainda, quando se trata de um cão da raça Golden Retriever). O seu latido costuma ser lento, rouco e monótono, sendo para eles uma forma de chamar a atenção, pois eles passam a se sentir mais carentes. O seu dono, quando notar esse estado de espírito, deve falar com o cão, acariciá-lo, elogiá-lo, fazê-lo parar de latir e até dar-lhe uma guloseima;

4. Ele se conserva em uma posição defensiva, como a de proteger o que é seu, como o ninho, a cama ou o local em que vive; o comedouro ou prato, seus alimentos etc.;

5. Como muitos seres humanos quando estão na velhice, os cães idosos também podem sentir mais frio do que o normal, se compararmos com o que sentiam quando eram jovens. Desta forma, principalmente quando forem dormir, devem poder contar com cobertores quentinhos e, em dias e noites mais frias, com uma bolsa de água quente, para aquecer o seu "ninho".

Nicole, fêmea de 4 anos – Canil Chasse – Proprietários Marisa e Luiz Schiavon.

CAPÍTULO 3

Alimentação adequada

Por melhores que sejam as características genéticas de um cão, em relação ao fator pelagem, ele somente apresentará uma boa cobertura de pelos se receber uma alimentação adequada, não só quanto à quantidade mas, e principalmente, quanto à sua composição. Isso é necessário para que haja certo balanceamento entre os componentes da dieta alimentar, o que concorre para melhor suprir as necessidades alimentícias do organismo do cão.

Sem uma boa alimentação, nenhum cão ou qualquer outro animal, pode apresentar uma pelagem bonita e perfeita. Isto ocorre porque os principais elementos que compõem os seus pelos são as proteínas. Estas substâncias, além de serem alguns de seus componentes, são as responsáveis pela sua formação, resistência, textura, cores e, ainda, pela intensidade do seu brilho.

Outros elementos que influenciam na formação e no desenvolvimento dos pelos dos cães são alguns minerais, entre os quais, o cobre, o zinco e o ferro.

As vitaminas também são muito importantes, indispensáveis mesmo, como componentes da sua pelagem, podendo ser citadas, entre elas, as vitaminas A, E e o ácido pantotênico, pois concorrem para a formação dos pigmentos, permitindo que os pelos adquiram uma coloração firme e bonita.

As gorduras poli-insaturadas são outros elementos que também contribuem para melhorar a qualidade e a aparência dos pelos, dando-lhes um brilho mais intenso. Entre essas gorduras, pode ser destacado o ácido linoleico, existente em vários óleos vegetais, como os de soja, girassol e milho.

Uma boa alimentação só é possível com boas rações ou com alimentos adequados.

As rações balanceadas

Alimentar os cães com o uso de rações balanceadas é o meio mais eficiente e prático que os donos e criadores podem adotar. Existem dezenas de tipos de rações, com características diferentes e aplicações variadas.

De uma forma geral, podemos dizer que as rações industrializadas são classificadas pelo porte e idade do cão. Existem rações mais específicas como, por exemplo, rações destinadas a cães com problemas renais, cardíacos, diabetes, cães obesos etc.

As rações podem ser classificadas, também, pela sua qualidade, ou seja, pelo teor nutritivo que oferecem ao animal. As melhores linhas de rações são as denominadas *Premium*, que apresentam a melhor composição balanceada que o animal poderá receber. Mesmo assim, entre as marcas de rações que trabalham com esse tipo de produto, existem aquelas que se destacam. Para uma correta avaliação, é necessário que seja feita uma comparação da composição e valores nutricionais que constam, obrigatoriamente, nas embalagens dos produtos

Além das rações *Premium*, existem aquelas conhecidas como de segunda e terceira linhas. Essas rações são mais "fracas" no que diz respeito ao seu valor nutricional, mas, também, são mais econômicas ou baratas.

Como não encontramos nas embalagens de rações a indicação clara do tipo de linha do produto, ou seja, não encontramos um saco de ração com a informação "segunda linha", "terceira linha" ou "ração com baixo teor nutritivo", a primeira forma de analisarmos a possível qualidade do produto é pelo seu preço: rações melhores são, invariavelmente, as mais caras. Apenas as rações *Premium* apresentam, em suas embalagens, a inscrição "*Premium*", para enfatizar ao consumidor a sua qualidade e justificar o valor a ser pago por esse produto.

Existem outras denominações para as linhas de rações como, por exemplo, "*Super Premium*", "*Premium*" e "*Standard*". Esta nomenclatura é utilizada, também, para auxiliar na identificação das rações de primeira, segunda e terceira linhas.

O melhor, sempre, é manter-se informado sobre as marcas de ração disponíveis no mercado. É fácil obter esse tipo de indicação com médicos veterinários ou mesmo com profissionais de *pet shops*. É bom lembrar que as melhores marcas sempre zelam pela qualidade de seus produtos.

Para o Golden Retriever, especificamente, o melhor é, se possível, fornecer rações *Premium* específicas para essa raça. Existem ainda, alguns tipos de rações *Premium* que, devido à sua composição, auxiliam na manutenção de cães com pelagem mais exigente. Quando filhotes, devemos administrar rações específicas para as fases do seu crescimento, porque elas apresentam, em sua composição, todos os nutrientes necessários para o bom desenvolvimento do filhote, em cada etapa do seu crescimento.

Como fornecer as rações

Além da qualidade da ração fornecida ao cão, é muito importante que a forma pela qual o animal a receba seja a mais adequada. Por esta razão, o melhor é fixar horários para o fornecimento da alimentação, de preferência, que sejam duas vezes ao dia, sempre no mesmo horário. Com esta medida, o cão fica totalmente acostumado com sua rotina, ajuda a regular as suas funções intestinais e, ainda, facilita as "caminhadas" ou "passeios" com seu dono, quando for o caso, pois todos os animais apresentam uma tendência a fazer suas necessidades fisiológicas após as refeições.

Kiki, fêmea de 2 anos – Canil Chasse – proprietários Marisa e Luiz Schiavon.

Se o cão estiver acostumado a comer comida caseira e não ração, devemos substituir, aos poucos, esse tipo de alimentação pelas rações industrializadas. Por já ter desenvolvido o gosto pela comida caseira, a melhor forma de mudar esse hábito é misturar a ração à comida diária. Todos os dias, a proporção de ração na comida deve aumentar, enquanto a porcentagem de comida caseira deve diminuir. Desta forma, o cão passa a se alimentar de maneira mais saudável e não sofre um "trauma" com essa mudança.

Não é indicado adicionar à ração, leite ou água. Algumas pessoas acreditam que, "amolecendo a ração", o cão achará a refeição mais apetitosa. Em primeiro lugar, se o cão já estiver habituado com a ração seca, acrescentar qualquer outro ingrediente é desnecessário e, ainda, essa prática pode fazer com que a ração se estrague em muito pouco tempo, tornando-a imprópria para o consumo. Salientamos, ainda, que muitas rações secas apresentam em sua fórmula componentes que ajudam o cão a "escovar os dentes" enquanto come. Isso, porém, só funciona no caso de a ração ser servida seca.

Outros alimentos

Além das rações balanceadas industrializadas, podemos fornecer aos cães vários "petiscos". São rações molhadas, frescas, "ossos" industrializados etc. Existem muitas latinhas, disponíveis no mercado, com produtos industrializados de qualidade e de sabor bastante atrativo para os cães. Devemos, porém, tomar bastante cuidado para que o cão não comece a querer abandonar a ração balanceada para alimentar-se somente com seus petiscos.

As fezes e o valor alimentício da ração

Quanto menor for o volume das fezes expelidas pelo cão durante um dia no qual recebeu a sua ração normal, e na mesma quantidade, maior podemos considerar a qualidade da ração que ele esteja recebendo. Isso se dá porque as melhores rações apresentam um aproveitamento maior e melhor digestibilidade. Isto quer dizer que rações de melhor qualidade são mais aproveitadas no processo digestivo e, por consequência, fazem com que o cão produza uma quantidade menor de fezes.

Assim sendo, quanto maior for a diferença entre a quantidade dos alimentos ingeridos e o "tamanho" das fezes, que é sempre menor, maior é o volume de alimentos, ou seja, de substâncias nutritivas, absorvidas pelo organismo do animal que com elas se alimentou.

Outra informação fornecida pelas fezes é obtida pela sua consistência: quando for firme, indica que os alimentos foram bem digeridos e assimilados. Quando as fezes forem moles ou líquidas, isto indica problemas ou distúrbios gastrointestinais como intoxicações, diarreias etc.

CAPÍTULO 4

Cuidados com a saúde

A prevenção e o correto tratamento das doenças que os Golden Retrievers, ou qualquer outra raça, possam vir a sofrer são providências vitais que todos os criadores e donos de animais precisam tomar, pois delas pode depender a vida do próprio animal e a saúde da família que o acolheu.

As principais doenças dos cães podem ser de origem infecciosa ou parasitária e, normalmente, exigem cuidados especiais e medidas rotineiras de prevenção. O mais importante para todos os donos de cães, sejam quais forem as raças, é sempre procurar seguir a orientação de um médico veterinário, que cuidará do cãozinho desde seus primeiros dias até a sua velhice. Sempre que o dono suspeitar de algum problema de saúde deve procurar um veterinário o mais rápido possível e nunca medicar seu cão sem prescrição médica.

A seguir, veremos algumas doenças parasitárias e infecciosas que mais atacam os cães, seus sintomas, tratamento e prevenção.

Verminoses

O mais comum, e praticamente normal, é que as ninhadas sejam infestadas por vermes, principalmente o *Toxocaracanis*. Raramente uma delas se livra desse problema, por maiores que sejam os cuidados com a limpeza e a higiene dos ninhos e dos locais pelos quais andam os filhotes, pois eles se infestam ao mamarem nas tetas da cadela, quando elas estão contaminadas porque tiveram contato com o chão ou outro local em que se encontravam os vermes, seus "ovos" ou larvas.

Os sintomas da verminose, no filhote, são: ele fica triste e abatido, ventre inchado e volumoso, tem emagrecimento progressivo e perda de peso, pelos foscos e sem brilho, diarreia, mucosidade nas fezes, presença de vermes nas fezes ou, somente, "bolos de vermes", eliminados pelo ânus.

Quando a infestação for muito grande, deve ser dado um vermífugo aos filhotes, antes mesmo da desmama, para que eliminem os vermes e se recuperem. O melhor, porém, é consultar um médico veterinário.

Os vermífugos são, em geral, pílulas que devem ser colocadas bem ao fundo da boca do filhote. Para evitar que ele as cuspa, sua boca deve ser fechada, até que ele engula o medicamento. Existem, também, os vermífugos injetáveis, que podem ser utilizados de acordo com as prescrições de um médico veterinário.

A vermifugação deve ser adotada como rotina e os filhotes só devem ser vendidos ou presenteados depois de tomarem o vermífugo.

A seguir, vemos uma tabela com um cronograma pa0ermifugação:

Idade do cão	Vermifugação
30 dias	1ª dose do vermífugo
45 dias	2ª dose do vermífugo
60 dias	3ª dose do vermífugo

Anualmente, devemos dar uma dose de vermífugo, ou antes, de acordo com prescrição do médico veterinário.

Algumas doenças e a vacinação

Como a primeira vacinação deve ser feita somente quando os filhotes atingirem, no mínimo, 45 dias de idade, época em que, muitas vezes, são ou já foram vendidos, o criador deve avisar ao comprador que o cãozinho precisa ser vacinado para que fique protegido contra algumas doenças, as quais veremos a seguir. O melhor para quem for adquirir um filhote é só o fazer quando o cãozinho já tiver recebido as primeiras vacinas e já tiver sido vermifugado.

Cinomose

Doença infecciosa muito contagiosa, causada por um vírus. Seus sintomas podem ser os mais variados. Um deles, bastante comum, é o aparecimento de "bolinhas" amarelas, de pus, na barriga do animal. Pode atacar o aparelho respiratório ou digestivo, bem como o sistema nervoso dos cães. Pode atingir todos os cães, especialmente os filhotes de dois a seis meses e pode ser mortal.

Existe uma vacina eficaz contra essa doença e que deve ser aplicada aos dois meses de idade. Dar uma dose de reforço 30 e outra 60 dias após a primeira dose. Repetir a vacinação (uma dose), anualmente.

Hepatite

Ataca o fígado e causa, também, dores abdominais, sangramento, depressão etc. Os cães muito jovens e os muito velhos são os mais sujeitos a essa doença. Os filhotes devem ser vacinados contra a hepatite, recebendo a primeira dose aos 2 meses de idade e, depois, a segunda e terceira doses, respectivamente, 30 e 60 dias após a aplicação da primeira. Vacinar anualmente.

Leptospirose

É transmitida, principalmente, pela urina dos ratos. É transmissível ao homem. Seu diagnóstico clínico não é muito fácil porque não apresenta sintomas específicos, sendo eles bastante gerais como, por exemplo, fraqueza, perda de apetite, vômitos e febre alta. A vacina contra essa doença deve ser aplicada aos dois meses de idade, com uma dose de reforço aos 30 e outra aos 60 dias, após a primeira dose. Repetir a vacinação todos os anos.

Parvovirose

Produzida por um vírus, é uma doença grave, que ataca os cães de todas as idades e que pode ser mortal. A vacina contra essa doença deve ser aplicada aos 2 meses de idade e repetida, como reforço, 30 e 60 dias após a aplicação da primeira dose e, depois, uma vez, todos os anos.

Coronavirose

Causada pelo Coronavirus (ccv), é uma doença altamente contagiosa e de elevada mortalidade, principalmente entre os cães jovens. Já está espalhada por todo o mundo. Não é transmissível ao homem. Seus primeiros sintomas são: prostração, letargia, falta de apetite, diarreia com forte cheiro fétido característico e com muco, vômitos biliosos, espumantes e, às vezes, sanguinolentos.

O período de incubação dessa doença pode ser de 24 a 36 horas ou mais longo. Os animais podem se recuperar, o que ocorre, em geral, em 7 a 10 dias. Para combater essa doença, o melhor é vacinar os cães aos 60, 90 e 120 dias de idade.

Parainfluenza

É muito contagiosa, atacando o sistema respiratório dos cães de qualquer idade. É transmitida por contato direto ou indireto com os cães doentes, sendo uma das doenças mais perigosas para eles. Sintomas: febre alta, tosse forte com catarro ou mucosidade. Dura, normalmente, de 2 a 4 semanas. Quanto mais rapidamente o cão for medicado, maiores serão as suas possibilidades de recuperação.

Existe uma vacina eficaz contra essa doença e os filhotes devem ser vacinados como rotina. Existem, também, vacinas múltiplas, que podem imunizar contra 6 a 10 doenças, inclusive a parainfluenza.

Raiva

Doença mortal, para a qual não existe cura depois do aparecimento de seus sintomas. É causada por um vírus, sendo transmissível ao homem. É transmitida ao homem, cães e outros animais, pelo contato direto da saliva contaminada do cão raivoso, por lambeduras ou mordidas.

A vacina contra a raiva, conhecida como antirrábica, deve ser aplicada nos cães aos 5 meses de idade e, depois, repetida uma vez por ano.

Cronograma de vacinação

Para que os cãezinhos fiquem protegidos dessas e de outras doenças é indispensável que sejam corretamente vacinados. O melhor, para isso, é seguir o cronograma de vacinação indicado por um médico veterinário, como o que apresentamos a seguir.

Tabela de vacinação

Idade do cão	Doenças e vacinas
60 dias	1ª – cinomose, hepatite, leptospirose, parvovirose, coronavirose e parainfluenza
90 dias	2ª – cinomose, hepatite, leptospirose, parvovirose, coronavirose e parainfluenza
120 dias	3ª – cinomose, hepatite, leptospirose, parvovirose, coronavirose e parainfluenza
150 dias	anti-rábica (dose única)

As vacinas contra as doenças acima, podem ser dadas separadamente, desde que respeitados os prazos entre as suas respectivas doses.

Existem vacinas múltiplas, que facilitam o esquema de vacinação, pois, os cães não precisam receber mais do que uma injeção. Essas vacinas podem imunizar de 8 até 10 doenças, simultaneamente.

Para o uso de vacinas múltiplas (normalmente as V8 ou V10), segue o cronograma abaixo:

Idade do cão	Vacina
De 45 a 60 dias	1ª dose da vacina múltipla
21 dias após	2ª dose da vacina múltipla
21 dias após	3ª dose da vacina múltipla
150 dias	anti-rábica – dose única

Principais problemas de saúde

Cada raça canina pode apresentar alguns problemas de saúde, com maior incidência do que outras. O Golden Retriever não é exceção e está mais sujeito a alguns problemas, como veremos a seguir.

De maneira geral, podemos afirmar que os cães dessa raça estão mais sujeitos a apresentar problemas nos olhos. Além disso, há um problema bastante comum de má formação de algumas articulações, que podem restringir a capacidade motora do cão. Abaixo, teremos mais detalhes sobre cada um desses problemas e as providências possíveis.

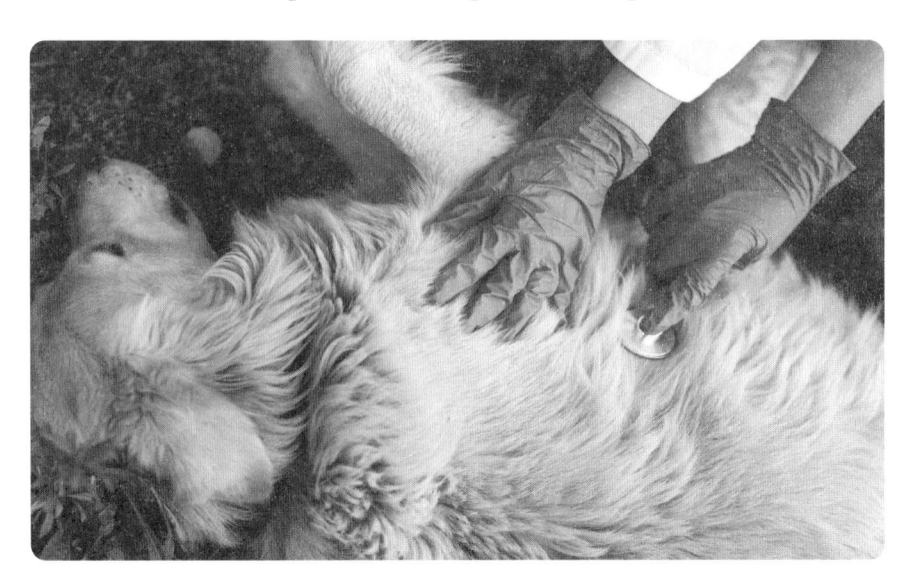

Atrofia progressiva da retina

A atrofia progressiva de retina é, na verdade, um grupo de doenças dos olhos que causam a degeneração da retina, e podem levar o cão à cegueira. As doenças de retina que levam ao quadro de cegueira são, basicamente, a degeneração de retina e a displasia de retina. No Golden Retriever, os primeiros sinais desse problema costumam aparecer dos 4 aos 8 anos de idade. Para evitar o agravamento e prevenir, é possível a realização de exames oftalmológicos a partir do segundo ano de vida.

Sintomas da atrofia progressiva de retina
Os sintomas mais comuns são a perda gradativa de visão, que se inicia com a diminuição da capacidade de visão noturna. Percebe-se que o cão, à noite, passa a ficar meio desorientado, apreensivo ou mesmo evitando subir e descer escadas e, ainda, começa a "tropeçar" nos móveis, especialmente se alguma peça tiver sido mudada de lugar.

Catarata

A catarata é um problema de visão bastante comum ao Golden Retriever, assim como ao seu "primo", o Labrador, com o qual compartilha propensão genética às mesmas doenças.

Esse problema ocorre quando o cristalino começa a ficar opaco, o que pode levar o cão à cegueira completa. Entretanto, assim como nos seres humanos, esse problema pode ser corrigido cirurgicamente.

Os cães com catarata ficam com os olhos visivelmente "enevoados". Além disso, começam a colidir frequentemente com móveis e objetos da casa e, também, com pessoas e os mais diversos obstáculos na rua.

Displasia coxofemoral

A displasia coxofemoral é uma má formação das articulações coxofemorais, ou seja, da área da cabeça do fêmur. Essa má formação propicia um processo inflamatório que pode causar, desde muita dor, até graves problemas de locomoção. Os primeiros sintomas podem surgir a partir do 4º mês de vida.

Em muitos casos, o cão pode ser portador da doença, que tem caráter hereditário, mas não desenvolvê-la desde cedo. Nestes casos, os sintomas poderão surgir quando o animal já estiver com idade mais avançada, causando surpresa aos seus donos.

Para os criadores, os animais com displasia coxofemoral não devem entrar em reprodução, evitando possível transmissão hereditária.

Sintomas da displasia coxofemoral

Os cães começam a apresentar dificuldade para correr, pular, subir escadas e até mesmo para andar. Como para se movimentar o cão sente dor, começa a mancar regularmente. Para tentar aliviar a dor de um ou de ambos os membros posteriores (de trás), o animal passa a caminhar colocando mais peso sobre os membros anteriores (da frente). Os passos tornam-se mais curtos, lentos e o cão tende a passar mais tempo sentado ou deitado. Em alguns casos, devido a intensidade da dor, podem ocorrer casos isolados de agressividade.

Diagnóstico, tratamento e prevenção da displasia coxofemoral

A displasia coxofemoral pode ser diagnosticada por meio de um exame de raio X. Quanto mais cedo forem detectados os sintomas e o diagnóstico confirmado, melhores as chances de manter e melhorar a qualidade de vida do animal.

O tratamento dessa doença consiste em medicação e exercícios apropriados que, nesse caso, é a natação.

Muitas vezes, diz-se que é possível adquirir essa doença, o que não é verdadeiro, pois é uma doença genética; entretanto, devido ao excesso de esforço, obesidade, má alimentação, entre outros fatores, a doença pode ser agravada.

Cindy, fêmea de 5 anos – Canil Chasse – proprietários Marisa e Luiz Schiavon

CAPÍTULO 5

Adestramento e treinamento básico

O Golden Retriever é um cão muito dócil, mas, também, muito ativo e brincalhão. Essa agitação, especialmente nos filhotes, pode trazer alguns inconvenientes, pois o cãozinho pode resolver "aprontar", fazendo suas necessidades em locais inadequados ou mesmo danificando objetos da casa, só por "brincadeira".

O Golden se adapta muito bem ao convívio humano, mas é necessário que façamos uma adaptação do cãozinho à vida da sua nova casa, pois deve aprender a rotina diária; onde e quando deve fazer suas necessidades; onde pode e onde não pode brincar; não danificar móveis e outros objetos; "tratar bem" os visitantes etc.

O importante é sabermos que o treinamento deve ser feito o quanto antes, pois, quanto mais demorar, maior será a dificuldade para ensiná-lo. Depois de uma fase de aprendizado bem feita, a nossa tranquilidade será grande e, desta forma, poderemos aproveitar mais cada momento com nosso novo amigo.

Não devemos nos esquecer, no entanto, de que, apesar de ser o maior amigo do homem, e de todas as boas qualidades que possam ter, os cães são animais que, como todos os outros, possuem fortes instintos naturais. Por essa razão, devemos orientá-los, ensinando-os e treinando-os para que se adaptem, da melhor maneira possível, à vida junto aos seres humanos, especificamente, junto à sua nova família. As bases desse ensino são a obediência e o aprendizado que eles devem adquirir, como poderemos verificar neste capítulo.

Para que obtenhamos bons resultados, no entanto, são necessárias paciência e perseverança. Não devemos desanimar, mesmo que isso exija um pouco mais de trabalho, pois é desse início que vai depender toda a relação entre o cão e seu dono, todas as pessoas que o cercam e o ambiente em que vivem.

O objetivo desse ensino ou treinamento, não é o de dominar os cães ou quebrar o seu orgulho, sua vontade ou seu "caráter", mas apenas o de orientá-los e ensinar-lhes algumas coisas que devem aprender para melhor se adaptarem à vida em companhia de sua família humana, o que, muitas vezes, os obriga a controlar ou reprimir alguns de seus instintos ou hábitos naturais.

Devemos procurar fazer a maior aproximação possível com os cães, mas, ao mesmo tempo, mostrar-lhes que nos devem reconhecer como seus líderes, por nossa autoridade e pela justiça com que os tratamos. Isso não é fácil, porque seus ancestrais, quando viviam em matilhas, tinham um só "chefe" ou líder, o respeitavam e o obedeciam, mas lutavam pela liderança ou comando do seu bando quando percebiam que ele vacilava nas atitudes ou ficava velho.

Como os cães variam muito de temperamento, inteligência etc., não há "receitas" ou fórmulas rígidas para ensiná-los, principalmente se levarmos em consideração que os cães se adaptam ao temperamento e aos hábitos do seu dono.

Ao ensinarmos os cães, devemos nos lembrar sempre de que, sendo animais, determinados hábitos, para eles, não são maus, mas apenas normais ou instintivos.

Ensinar os cães, portanto, é induzi-los e acostumá-los a fazer, com agrado e boa vontade, coisas que os tornam agradáveis e úteis e, ainda, evitar que mantenham hábitos indesejáveis para a nossa convivência.

Os Golden Retrievers são cães muito inteligentes e apresentam uma ótima capacidade de aprendizado, se o compararmos a cães de muitas outras raças. A eficiência desse aprendizado pode ser maximizada, dependendo do tipo de treinamento utilizado, especialmente se este for iniciado desde cedo.

Ensino

O ensino dos cães deve começar desde cedo, quando ainda estão mamando. O criador controla o seu comportamento ao mamar; depois, quando ensina os cãezinhos a não roubarem comida dos pratos de seus irmãos ou companheiros, dizendo "Não!", e os elogiando, dizendo "Muito bem!", quando eles voltam para os seus próprios pratos.

Dessa maneira, os cãezinhos já começam a distinguir o tom da voz, quando é enérgica, zangada e de reprovação, do "Não!", e quando é meiga, carinhosa, de aprovação ou uma forma de agradar.

Além disso, devemos nos lembrar de que os cãezinhos só devem começar a fazer passeios, depois de serem vacinados. Importante, também, é evitarmos que andem muito, porque os ligamentos das suas patas ainda são muito fracos e eles se cansam com facilidade.

Treinamento

O treinamento dos cães deve começar desde cedo, sendo possível, para um Golden Retriever, começar a aprender algumas regras ou ordens, a partir de 4 ou 5 meses de idade.

Os cães não entendem as palavras, mas apenas os sons. Por isso, os comandos devem ser dados com palavras curtas e de maneira enérgica nas ordens, meigas nos elogios, zangadas quando forem de repreensões e carinhosas quando eles executarem um bom trabalho, obedecerem às ordens ou quando vão dormir.

As ordens dadas aos cães devem ser obedecidas imediatamente, sem dúvidas ou preguiça. Quando eles acertam e são elogiados, ficam com vontade de acertar, pois relacionam os acertos com os agrados.

Devemos nos lembrar sempre de que brutalidade, gritos ou impaciência nada resolvem e revelam, apenas, que a pessoa não tem condições ou conhecimentos para treinar cães.

Os cães não entendem as palavras

Como os cães não entendem as palavras, devemos ligá-las aos tons de voz, gestos e recompensas, pois eles associam os sons aos gestos e passam a entender melhor os comandos que lhes são dados.

As necessidades de ensinar e de treinar são as mesmas para todos os cães, para que eles possam entender os homens e com eles conviver da melhor maneira possível, principalmente respeitando-os e obedecendo às suas ordens.

É, também, muito importante que o cão sinta certa energia e firmeza no seu treinador. Além disso, esse treinamento deve se tornar uma rotina para o cão, e não deve ser interrompido, até que sejam obtidos os resultados desejados.

Como os cães variam muito em relação aos seus temperamentos, sentimentos etc., as pessoas mais indicadas para ensiná-los seriam os seus próprios donos, que os conhecem bem. Além disso, é preciso ter paciência para ensiná-los ou adestrá-los. Não podemos ter pressa, querendo ensinar-lhes várias coisas em pouco tempo, pois eles podem ficar confusos e os resultados poderão ser desagradáveis.

Muitas vezes, por falta de tempo ou de habilidade, não é possível ou indicado que o dono faça o treinamento do seu cãozinho, sendo, por essa razão, necessário procurar um profissional de adestramento. O principal, no entanto, é que o cão reconheça seu dono como chefe ou líder. É necessário tratá-lo com energia, mas com ordens claras e com justiça, bondade e carinho, quando ele o merecer.

Essas ordens dadas ao cão vão, aos poucos, sendo substituídas por gestos, como verificaremos mais adiante.

Algumas regras

Temos, ainda, algumas regras que devem ser seguidas durante o ensino ou treinamento dos cães e a convivência com os homens.

Destacam-se, entre elas: não puni-los por alguma falta ou erro, mas, ao mesmo tempo, dar-lhes oportunidade de repetir a ação e tentar acertar; estimular os cães, durante o ensino, através de elogios e até de recompensas, como guloseimas, quando o merecem, ou repreendê-los, quando for necessário.

Por mais inteligentes que sejam os cães, sua inteligência é limitada, indo apenas até certo ponto. Eles não deixam de "pensar" e de se comportar como animais. Por esses motivos, é necessário orientar e controlar o seu comportamento em certas situações como, por exemplo, no caso de uma briga.

Até cães que nunca brigaram, um dia têm a sua primeira luta, pois é da sua natureza lutar. Nessa ocasião, mesmo que seu dono o chame, o cão não o atende, pois não foge da briga, para não ficar "desmoralizado". Para separar uma briga, não adianta e não se deve bater nos cães, pois eles nem sentem as pancadas, sendo melhor jogar água no seu focinho e só tentar separá-los quando eles pararem de brigar. Quando não houver água, devemos agarrar as suas pernas traseiras e puxá-las para cima e para um dos lados, enquanto outra pessoa faz o mesmo, com o outro cão, pois isso termina com a briga. Não devemos tentar separar os cães pela frente, para evitar mordidas. Apesar de ser muito dócil, mesmo um Golden Retriever, sob certas circunstâncias, pode apresentar reações agressivas e até, eventualmente, morder.

Quando dois cães, que sempre foram amigos, brigam, isto acontece apenas por uma herança de seus antepassados ou de sua origem, quando os cães lutavam pela liderança dos seus bandos.

Além de saber como agir em caso de briga entre cães, devemos sempre lembrar alguns fatos sobre esses animais, relacionados à convivência com o homem e com outros animais.

Os cães consideram o homem como seu chefe e líder indiscutível e consideram alguns outros animais seus inimigos naturais como, por exemplo, os gatos. Entretanto, quando são criados juntos desde pequenos ou quando a "apresentação" entre eles for bem feita, eles podem aprender a conviver em paz ou mesmo se tornarem "grandes amigos". Conhecemos casos de cadelas que amamentaram e "adotaram" gatinhos, zelando por eles, até mesmo depois de adultos.

A palavra "NÃO"

Quando um cão ouvir a palavra "Não", que sempre deve ser dita em tom enérgico ou zangado, deve parar, imediatamente, o que estiver fazendo.

Se ele, por exemplo, quando estiver roendo ou comendo alguma coisa, receber a ordem "Não!" e continuar a fazer, pode ser "castigado". Esse castigo, no entanto, deve ser apenas uma forma de mostrar o desagrado pelo que estava fazendo e por não ter obedecido à ordem dada. Podemos, por exemplo, acertar uma vez o focinho do cão com uma folha de papel comum ou jornal, pois ela não machuca e faz barulho.

Por outro lado, quando o cão obedecer prontamente à ordem "Não!", ele deve ser recompensado, com palavras de incentivo ("muito bem", por exemplo), para que perceba que seu dono gostou de ele ter obedecido ao comando. Podemos, também, oferecer alguma recompensa em forma de guloseima. Isso é bastante eficiente na fase em que estivermos ensinando o cãozinho a obedecer a ordens.

Fazendo o cão obedecer à ordem "Não!", poderemos evitar uma série de problemas como, por exemplo, que o cão ataque e morda alguém ou que destrua alguma coisa em casa.

Os Golden Retrievers são muito inteligentes e, se não forem tratados e ensinados com a energia necessária, percebem a fraqueza ou falta de energia do seu dono e podem até mesmo dominá-lo, passando a só fazer o que querem, se achando "os donos da casa", pois todos nela passam a viver em função desses cães.

É necessário demonstrar-lhes o que queremos, pois eles não podem adivinhar o que devem fazer. Devemos saber, também, que os cães podem comunicar-se com os seres humanos, naturalmente, à sua maneira, bastando saber interpretá-los para compreendê-los através da sua "linguagem".

Como tirar as "manhas" dos cães

Não devemos deixar que os cãezinhos façam, quando pequenos, por mais engraçado que seja, o que não admitiremos que façam quando maiores como, por exemplo: pular sobre as pessoas, mesmo que para agradar, correr atrás de outros animais (aves, gatos etc.), roer objetos, "roubar" comida, latir demais, "sujar" em lugares inapropriados etc.

Devemos dar-lhes brinquedos como bolas, ossos artificiais etc., para que eles se acostumem a brincar e, quando ficarem sozinhos em casa, tenham com o que brincar e não peguem coisas que não devem, como almofadas, tapetes, sapatos etc., que certamente estragarão.

Existem ainda alguns produtos líquidos, disponíveis no mercado, que deixam no local em que são aplicados um odor desagradável para o cão e, normalmente, inodoro para os seres humanos. O uso desse tipo de produto visa afastar o cão de um determinado local no qual ele, por exemplo, costume fazer, indevidamente, as suas necessidades ou no qual ele cause algum tipo de "destruição", como um sofá que seja mordido, arranhado ou rasgado. Esses produtos podem auxiliar os donos no ensino de seus animais, mas seu uso deve ser utilizado com cautela, pois pode resolver um problema, mas sem que o cão, realmente, aprenda sua lição.

Como evitar que o cão arranhe a porta para entrar

Um cão pode ser colocado fora de casa, ficando no quintal, no jardim, na varanda ou na área de serviço. Muitas vezes, no entanto, ele quer entrar na casa e começa a arranhar a porta com as patas da frente, tentando abri-la ou para chamar a atenção de alguém que o deixe entrar.

Esse hábito deve ser combatido, pois, além do barulho que o cão faz ao arranhar a porta, ele a estraga e, geralmente, ainda fica chorando ou ganindo.

Para evitar que isso aconteça, quando o cão começar a arranhar a porta, devemos abri-la, com energia, e dar-lhes a ordem "Não!". Se o cão voltar a arranhar, tornamos a abrir a porta, dizemos "Não!", com mais energia ainda, e com uma folha de jornal enrolada ou um papel comum, também enrolado, acertamos o focinho do cão (sem machucar, apenas fazendo barulho) e repetimos "Não!". Normalmente, isso é suficiente para que o cão não arranhe mais a porta para entrar.

Não mexer nas coisas

O filhote deve ser impedido de mexer nas coisas e de roer tudo o que encontra: móveis, tapetes, sapatos, toalhas, enfeites, almofadas etc. O melhor é tirar do seu alcance tudo o que for possível, até que ele seja ensinado a não mais mexer no que não deve.

Para começar o treinamento, devemos dar-lhe brinquedos especiais, para que ele tenha o que fazer, brincando e se distraindo com eles e esquecendo os objetos da casa. Entre esses brinquedos, temos bolas especiais ou as de tênis que, rolando, o fazem persegui-las, satisfazendo o seu instinto de "caçador". Além disso, podemos dar-lhe um osso com cheiro bastante intenso (para o cão), pois isso atrai mais o animal do que qualquer outro objeto que possa encontrar.

É preciso, também, que o dono ensine ao seu cãozinho o que é permitido e o que é proibido. Para isso, deve ensinar-lhe o significado da palavra "Não".

As ordens "NÃO!" e "PEGA!"

Cremos que sejam as mais importantes ordens dadas aos cães, e que devem ser obedecidas imediatamente porque:

- A primeira, "NÃO", é uma garantia de fazer o cão parar imediatamente o que estiver fazendo, seja o que for, e que não queremos que ele faça. Esta ordem poderá evitar vários acidentes como, por exemplo, quando o cãozinho estiver prestes a mexer em algo perigoso ou que possa vir a quebrar;

- A segunda, "PEGA", exatamente, é contrário da primeira: fará com que o cão pegue imediatamente o que o dono mandar, seja um objeto ou, ainda, se for o caso, "AVANCE" em uma pessoa ou outro animal. No caso específico do Golden Retriever, por se tratar de um cão que possui o instinto de caçador ou de "apanhador", "PEGA!" é a ordem da qual ele, certamente, mais gosta. Já no caso da ordem "AVANCE!", por não ser um animal utilizado como cão de guarda, acaba sendo uma ordem praticamente inútil para um Golden e, normalmente, nem é ensinada a esses cães.

Um bom treinamento, que sempre traz os melhores resultados é, justamente, o "NÃO" e o "PEGA". Para isso, devemos proceder da seguinte maneira:

1. Pegamos um objeto, de preferência já conhecido do cão em suas brincadeiras, e o prendemos na ponta de uma cordinha de dois a três metros de comprimento;

2. Fazemos o cão ficar parado de frente para nós, mais ou menos à distância do comprimento da cordinha;

3. Começamos, então, a girar a cordinha, bem devagar, fazendo com que o objeto preso a ela se movimente em círculos, passando perto de onde está o cão, que o fica acompanhando com a vista. Dizemos "NÃO", a cada passagem do objeto, um pouco mais alto do que a cabeça do animal;

4. A certa hora, damos a ordem "PEGA!" e incentivamos o cão a abocanhar o objeto quando passar perto dele. Depois que o cãozinho tiver abocanhado o objeto, devemos mostrar que estamos felizes com o que ele acabou de fazer. Para isso, fazemos carinho, dizendo "Muito bem!", "Parabéns!" etc., sempre em tom de aprovação. Dar um petisco nessa hora, também é eficiente;

5. Voltamos a rodar a cordinha e vamos, depois, alternando as ordens "NÃO!" e "PEGA!" e, ao mesmo tempo, também vamos aumentando a velocidade e a altura do objeto em relação ao cão.

Esse exercício, além de ser muito bom para ensinar obediência ao cão, é ótimo para o seu preparo físico e para treinar sua agilidade em saltar e pegar objetos em movimento, o que o cãozinho, depois de certo tempo, faz com uma precisão extraordinária.

"PEGA!" e "LARGA!"

Em uma segunda etapa do exercício anterior, quando o cão já estiver bem treinado, devemos ensinar-lhe a obedecer a uma nova ordem: "LARGA!". Para isso, devemos:

1. Pegar o mesmo objeto utilizado no exercício anterior, jogá-lo a distância e, ao mesmo tempo, dar ao cão a ordem "PEGA!". O cão obedece, vai buscá-lo, e quando chega de volta com o objeto, senta-se à nossa frente;
2. Nesse momento, damos a ordem "LARGA!" e o cão, imediatamente, solta o objeto no chão.

Andar junto ao dono

Quando desejarmos passear com o cão, é necessário ensiná-lo a andar junto, no mesmo passo ou na mesma velocidade, sem parar a toda hora. Para isso, devemos treiná-lo da seguinte maneira:

1. Fazer o cão andar, sempre, do nosso lado esquerdo e na mesma direção;

2. Quando ele se afastar, batemos com a mão na nossa perna esquerda e, ao mesmo tempo, damos a ordem "JUNTO!";

3. Devemos andar sempre, mais ou menos no mesmo passo que o cão, não o deixando avançar ou atrasar, para o quê puxamos sua guia;

4. Nas primeiras aulas, devemos andar somente em linha reta e, depois, nas aulas seguintes, em diversas direções;

5. As aulas devem ter uma duração de 10 a 20 minutos, pois não devemos cansar muito o animal;

6. Nunca bater no cão com a guia, para que ele não associe a guia a um castigo;

7. Devemos, ainda, elogiar e até acariciar o cãozinho, sempre que ele fizer bons exercícios;

8. Só "castigar" em caso de desobediência repetida, mas nunca uma punição física, pois devemos somente "ralhar" com o animal e, ainda, mostrarmos que estamos muito "chateados" ou "aborrecidos" com ele;

9. Quando ele fizer algo errado, devemos dizer-lhe, energicamente, "NÃO!" e, quando o merecer, devemos agradar-lhe com um "MUITO BEM!".

Quando o cão já anda normalmente ao nosso lado, sem a necessidade de puxões na guia, isso indica que ele já pode ser treinado sem ela. O melhor é, no primeiro dia de treinamento, mantê-lo na guia, mas, durante a caminhada, soltá-la, sem que ele o perceba, mas sempre andando e dando as ordens. Não havendo problemas, podemos continuar os exercícios sem a guia, mas, se necessário, basta prendê-lo outra vez e retomar os exercícios.

Durante as "aulas", devemos conversar com o cão, para que haja uma maior interação entre ele e nós, mas, ao mesmo tempo, devemos manter a guia esticada, sem forçá-la, para que possamos puxá-la com rapidez, se for necessário.

Sentar

É um treinamento muito fácil. Basta, com o cão parado, fazer o seguinte:

1. Com uma das mãos, puxamos a guia para cima;
2. Com a outra mão, fazermos uma pressão para baixo, sobre a anca ou a garupa do cão e ficamos, assim, mantendo-o sentado;
3. Se ele tentar se levantar, nós o forçamos a permanecer sentado, sempre com a ordem "SENTA", e o elogiamos, se ele obedecer. Sempre que tivermos que forçar a anca do cãozinho para que ele sente, esse movimento deve ser acompanhado da ordem "SENTA".

Deitar

Para obtermos os resultados desejados, devemos:

1. Obrigar o cão a sentar-se;
2. Pegando seus membros anteriores, os levantamos e os esticamos um pouco para frente e os colocamos no chão;
3. A seguir, devemos fazer uma pressão para baixo, sobre sua cernelha (costas);
4. Damos a ordem "DEITA!" e o obrigamos a permanecer nessa posição, até receber uma nova ordem.

Outra maneira de fazer o cão deitar é, com uma das mãos, pegar a guia junto à coleira, forçá-la para baixo e ao mesmo tempo, com a outra mão, forçar o seu corpo, também para baixo.

Com algumas aulas, ele passará a obedecer e se deitará, imediatamente, se receber a ordem para isso, e ficará deitado, mesmo que saiamos de perto dele, até receber uma nova ordem para se levantar.

Vir até onde está o dono

Quando for chamado, o cão deve obedecer imediatamente à ordem "AQUI!" e vir correndo, diretamente na direção do seu dono, não parando para nada. Para que ele o faça de boa vontade, no entanto, é necessário que, ao chegar, no princípio do treinamento, receba agrados, elogios e até guloseimas, mesmo que ele não obedeça exatamente como deveria. As falhas deverão ser corrigidas durante as aulas, pois o cão sabe que vai ser "agradado" no princípio de todas elas.

Se necessário, nas primeiras aulas, o cão pode ser preso a uma guia longa, de 10 ou 20 metros de comprimento, para ser puxada quando não obedecer imediatamente à ordem "AQUI!" e não vier correndo para o seu dono.

Ao chegar, o cão tem de sentar-se em frente ao treinador e assim permanecer até receber nova ordem, em geral, "JUNTO!", para ele se colocar sentado do lado esquerdo.

Quando o cão não vier, atendendo ao chamado, nunca devemos ir até onde ele está ou dele nos aproximarmos. Temos sempre de obrigá-lo a obedecer ou puxá-lo com a guia.

O cão pode ser treinado, da mesma forma, para atender ao chamado do dono, por um assovio ou até por um apito.

Parar de latir

Devemos ensinar o cãozinho a parar de latir ou a calar-se, ficando quieto, quando o desejarmos ou em caso de necessidade (se o cão começar a latir em horário inapropriado). Para isso, usamos a ordem "QUIETO!".

O treinamento consiste em mandar o cão latir e depois, dar o comando "QUIETO!", para ele se calar. Repetindo várias vezes, ele aprende logo a lição.

Como fazemos para ensiná-lo qualquer outro comando, o cão deve receber elogios, carinhos, e até mesmo guloseimas, quando obedecer prontamente à ordem dada.

Recusar comida achada ou oferecida por estranhos

Esse treinamento costuma ser muito utilizado para cães de guarda. Entretanto, muitas pessoas que possuem um Golden Retriever, moram em casas e estão sujeitas a que estranhos, que passem pela rua, ofereçam comida inapropriada ou mesmo, deliberadamente, envenenada. Por este motivo, acreditamos ser importante ensinar aos Golden Retrievers a recusar comida achada ou oferecida por estranhos.

A primeira providência para isso é ensinar ao cão, desde pequeno, a só comer no seu prato e sempre no mesmo horário. O melhor, também, é não colocar o prato no chão, mas sobre um apoio, como um pequeno banquinho ou um suporte de qualquer tipo, e sempre no mesmo lugar. O cão não deve, também, ficar em volta da mesa na hora das refeições ou andando pela cozinha, recebendo pedaços de comida, doces, pães etc., ou os catando no chão, pois isso atrapalha completamente o seu treinamento.

Além disso, o cão que estiver acostumado a comer a qualquer hora, quando sentir fome, provavelmente passará até a roubar alimentos porque, para ele, catar migalhas no chão ou tirar um assado inteiro da mesa, é a mesma coisa...

Para ensiná-lo a não comer o que encontra ou o que lhe é dado por estranhos, devemos segurá-lo na guia e pedir a um estranho que lhe jogue um pedaço de carne ou uma guloseima. Quando o cãozinho tentar abocanhá-la, dizer "NÃO!", com toda a energia. Se ele insistir, devemos dar-lhe um forte puxão com a guia, para que sinta a força do nosso comando e, ao mesmo tempo, repetir-lhe "NÃO!".

Depois de repetir essa lição, o cão não tenta mais comer a carne ou a guloseima. Quando isso acontecer, passamos à segunda etapa do treinamento. Ela consiste em, sem que o cão o perceba, colocar um pedaço de carne ou guloseima em um lugar qualquer em que costumamos ficar com ele como, por exemplo, uma praça ou um jardim e depois o soltamos.

Logo que ele a descobrir e tentar comê-la, dizemos "NÃO!", com energia, e embora ele não a toque, ficará perto da carne. Chegamos, então, perto dele, mandamos que deite, apontamos para a carne e repetimos "NÃO!". Depois, vamos nos afastando devagar e, de longe, continuamos a vigiá-lo para ordenar-lhe novamente, se necessário, com a palavra "NÃO".

Outra etapa neste treinamento é ordenar-lhe "FIQUE LÁ!" e nos afastarmos, saindo da vista do cão, mas ficando escondidos para vigiá-lo.

Para completar seu treinamento, devemos espalhar as mais variadas comidas em diferentes lugares, sempre vigiando o cão para ordenar-lhe "NÃO!" quando tentar comer alguma delas. Repetir a lição, quantas vezes forem necessárias, até que ele não mais tente comer as coisas que encontra.

Quando, no entanto, o cão não quer aprender, não obedece às ordens e pega as comidas que encontra, podemos adotar outro método que é o das **iscas com gostos desagradáveis** para ele como, por exemplo, a pimenta.

O cão ensinado a só comer comida dada por seu dono ou em sua casa, poderá se livrar de sofrimentos e até da morte por envenenamentos causados por alimentos estragados que encontre ou por iscas envenenadas que lhe poderão ser oferecidas por pessoas que, por algum motivo, dele queiram se livrar.

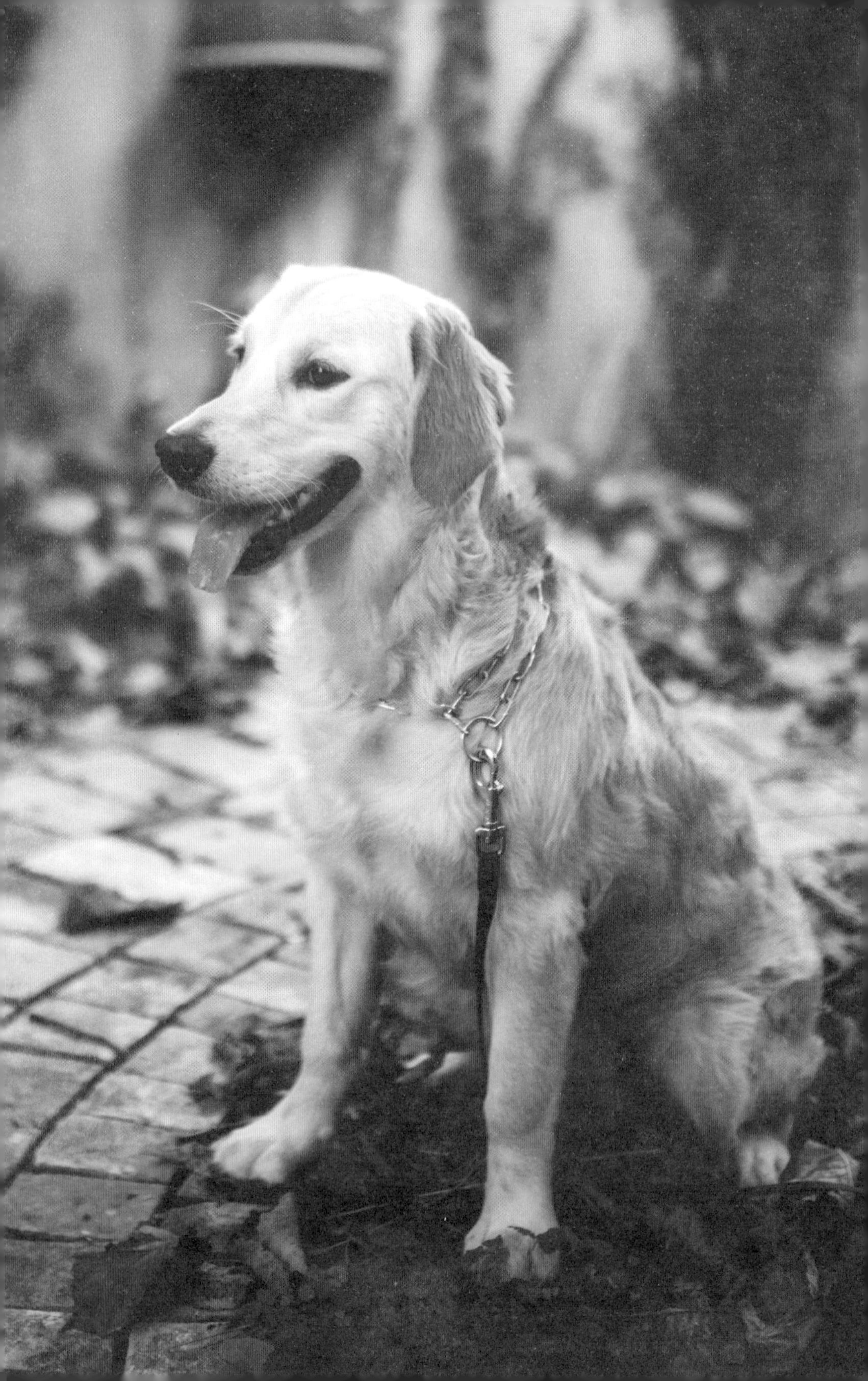

CAPÍTULO 6

Tosa e cuidados higiênicos

Olhos e ouvidos – cuidados e limpeza

Os Golden Retrievers, devido às características que apresentam seus olhos e ouvidos, têm uma tendência a sofrer lesões que vão de simples irritações a graves afecções ou infecções, com ou sem supurações, pois eles são bastante sensíveis a estes problemas.

As lesões nos olhos, quando muito graves, podem levar à cegueira parcial ou total dos animais, da mesma forma que as localizadas nos ouvidos ou nas orelhas, podem provocar surdez, também parcial ou total.

Esses cães apresentam uma tendência para sofrer inflamações, tanto nos olhos quanto nos ouvidos. Para reduzi-las, a primeira providência a ser tomada é fazer, regularmente, uma higiene rigorosa nesses locais, de preferência, uma vez por semana, pois esta providência concorre para diminuir a sua incidência, ou mesmo, para que elas não mais ocorram.

Como e onde fazer suas necessidades

Quando o cão tem vontade de "fazer cocô" ou "xixi", ele logo procura o lugar que lhe foi destinado para isso pelo seu dono, ou seja, uma folha de jornal, um pedaço de papel ou um tapete higiênico, que nada mais é do que uma grande "fralda" descartável, em forma de tapete, que tem a capacidade de absorver a urina, sem que ela escorra pelo chão.

Outro local bastante utilizado para que os cães façam suas necessidades é a rua. As caminhadas diárias com os cães podem ser bastante saudáveis e, no caso do Golden Retriever, uma necessidade, pois, além de permitirem que façam "xixi" e "cocô" à vontade, são oportunidades para que o cão se exercite. Neste caso, porém, os donos precisam ser responsáveis e saírem munidos de sacos plásticos ou outras formas de recolher as fezes de seu cãozinho, mantendo a rua limpa, demonstrando educação, higiene e civilidade.

Banheiro para os filhotes

Os cães, normalmente, defecam logo depois que terminam cada refeição, o que é um fenômeno normal, porque a entrada de alimentos no estômago estimula o funcionamento dos intestinos. Devemos, por isso, destinar um local especial para eles fazerem suas necessidades, e o mais perto possível dos seus pratos de comida ou do seu ninho. Basta levá-los ao "banheiro", logo que acabam de comer, para que eles se acostumem a fazer aí as suas necessidades, pois, em pouco tempo, eles já vão sozinhos, facilitando muito a limpeza da área por eles usada, dentro ou fora da casa ou do canil.

As evacuações vão ficando mais espaçadas à medida que os filhotes vão ficando mais velhos, mas ocorrem, geralmente, nas mesmas horas. Como os cães adultos recebem refeições 1 ou 2 vezes ao dia, isso facilita muito os trabalhos de limpeza ou de levá-los "para passear", ou seja, para fazer as suas necessidades na rua, o que já sofre sérias restrições devido às proibições e multas impostas por serviços sanitários de muitas prefeituras, quando o cão "suja" a rua.

Importante é que, mesmo em casas ou apartamento, podemos colocar um tabuleiro com jornais, papéis ou areia no fundo e também um desinfetante, para servir de banheiro para os cães.

A pelagem

O Golden Retriever possui uma pelagem grossa, com pelos que podem apresentar espessura e comprimentos diferentes. Em alguns cães a pelagem pode ser mais ondulada do que em outros. A coloração também pode variar um pouco, nos tons de dourado ou amarelo.

A pelagem apresenta duas camadas de pelos que possuem as propriedades de um bom isolante térmico. Isso quer dizer que, no frio, a pelagem mantém o calor do corpo e, em temperaturas mais altas ou no caso de incidência direta do sol forte, isola o corpo do animal mantendo, assim, uma temperatura aceitável para o corpo. Além disso, os seus pelos são bem resistentes à água, o que é bastante importante para um cão que adora se molhar, nadar e brincar na água.

Cuidados com a pelagem

As práticas mais frequentes e importantes para mantermos a pelagem dos Golden Retrievers, sempre bem cuidada e mais bonita são:

1. Tosa;
2. Escovação;
3. Banho.

Tosa

Normalmente, não se deve tosar os pelos de um Golden Retriever, somente em casos especiais, como para a participação em exposições ou por recomendação de um veterinário.

É importante, entretanto, cortar os pelos entre as "almofadinhas" que ficam na parte inferior das patas. Esse procedimento reduz as chances de proliferação de fungos na região e, ainda, aumenta a firmeza no andar do cão.

Tosa higiênica

É uma tosa especial, cujo objetivo principal é facilitar a higiene na área genital e anal. Aliada à tosa dos pelos da barriga, é uma medida bastante eficiente, especialmente no verão.

Escovação e penteado

A escovação do pelo do Golden Retriever deve ser feita normalmente e a intervalos regulares, para que sua pelagem se mantenha sempre limpa, lisa e brilhante, o que faz o cão ficar com um ótimo aspecto.

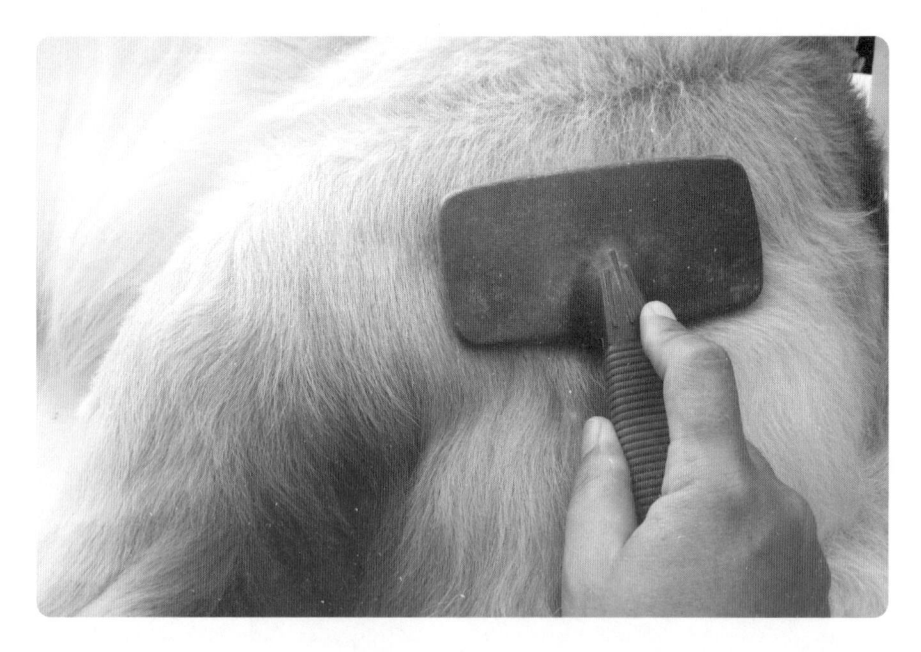

Deve ser escovado e penteado duas a três vezes por semana, da seguinte maneira:

1. Desmanchar com as mãos, com todo o cuidado, um por um, os nós existentes na pelagem, evitando puxar os pelos, para que o cão não sinta dor e para não arrebentar os fios;
2. Passar uma escova, com muita delicadeza e somente alisando, mas não puxando os pelos, para o cão não ficar incomodado ou irritado,

por sentir dores. A escova deve ter pinos de metal, mas sem bolinhas nas pontas, porque elas podem danificar ou destruir os pelos.

A escovação é muito eficiente para que sejam obtidos os melhores resultados na higiene, na conservação e na beleza da pelagem dos Golden Retrievers, e para mantê-los em bom estado e livres dos nós que se formam nos pelos, quando eles não são bem penteados.

Escovar os pelos dia sim, dia não, representa uma ótima opção para evitar a formação e o excesso de nós.

Os nós dos pelos

Quando eles ocorrem, o criador ou dono deve imediatamente, desfazê-los. Para isso é necessário:

1. Umedecer esses nós, empregando um condicionador dissolvido em água e,
2. Com as mãos, desembaraçar, um por um, todos os nós existentes na pelagem do cão.

Essas operações devem ser feitas com todo o cuidado para evitar que a pelagem do animal seja danificada, por quebrar ou arrancar os nós.

Escovas

Há vários tipos e tamanhos de escovas empregadas para fazer as escovações dos pelos dos cães de todas as raças. O melhor, porém, é utilizar as escovas cujos fios não possuam bolinhas nas pontas, porque eles penetram com maior facilidade entre os pelos, diminuindo, assim, o perigo de os seus fios se arrebentarem, o que pode até prejudicar o aspecto dos animais.

Banhos

Para manter a higiene do seu Golden, é preciso que ele tome banhos regularmente, de preferência a cada 15 dias, ou até mesmo semanalmente, exceto quando eles ficarem sujos, pois, neste caso, devem ser banhados no mesmo dia e, de preferência, na mesma hora em que se sujarem. A higiene é muito importante para manter os pelos em bom estado e bonitos, bem como a própria saúde.

As orelhas devem ser bem protegidas durante o banho para evitar que a água penetre nos ouvidos desses cães, o que lhes poderia causar fortes dores ou outros problemas, às vezes mais graves, como otites. Além disso, elas devem ser bem lavadas e limpas uma vez por semana.

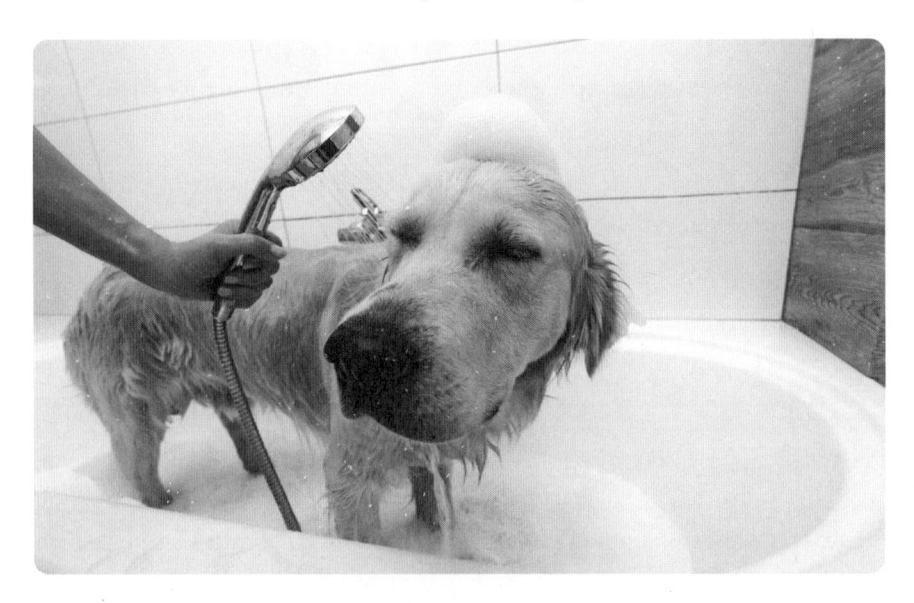

É necessário, porém, que os saponáceos ou outros produtos empregados para banhá-los sejam de boa qualidade e especiais para cães, para evitar que haja reações do seu organismo, geralmente na pele, e traduzidos por alergias, eczemas etc.

Muito importante, também, é que, após o banho, tenham os seus pelos enxugados, de preferência, por secadores elétricos, para que fiquem bem secos.

Secador elétrico

Quando for empregado o secador, a pelagem do cão deve ser bem aberta, com uma cuidadosa separação dos pelos, para que o ar quente penetre nas raízes, concorrendo, assim, para uma boa secagem da pele do animal, evitando, principalmente, o aparecimento de dermatites.

Toalha

Para secar a pelagem do Golden Retriever (após o banho ou quando ele se molhar com chuvas ou entrando em piscinas etc.) deve ser empregada uma boa toalha, bem grossa, felpuda e grande, do mesmo tipo das que são usadas como toalhas de banho para as pessoas.

Muda

Como todos os cães, também o Golden Retriever sofre, periodicamente, trocas de pelos, conhecidas popularmente como "mudas".

O tipo, a intensidade ou o período da sua duração, varia de acordo com a idade e as características individuais de cada cão, bem como com as condições ambientais, como a temperatura, por exemplo, que influi diretamente sobre essa camada protetora que os cães possuem, cobrindo externamente a pele de todo o seu corpo.

Unhas e seu trato

Pode não parecer, mas as unhas desempenham importantes funções na vida dos cães; entre elas, podemos mencionar:

1. Servem como pontos de apoio no solo, ajudando o cão a nele se firmar;
2. Evita que o animal leve escorregões ou tombos, que podem provocar diversos tipos de lesões ou traumatismos;

É muito importante, também, controlar o tamanho das unhas dos cães, para que não fiquem compridas demais.

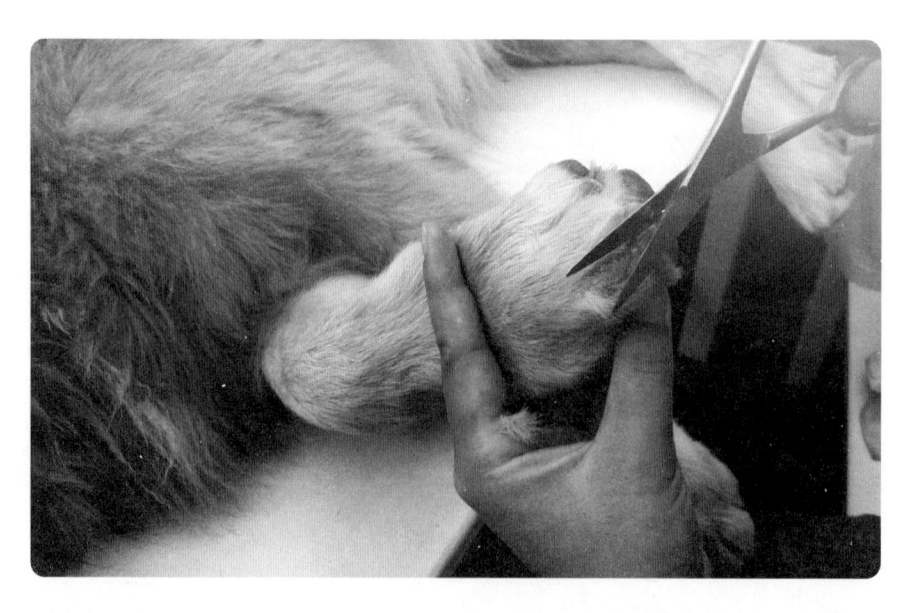

Normalmente, elas se desgastam somente com os atritos a que são submetidas quando o cão caminha ou corre pelo solo, dentro ou fora do lar, principalmente quando se trata de uma casa com quintal ou então, quando sai a passear.

Quando as unhas crescem muito, por não se desgastarem naturalmente quando o cão anda, corre e pula, é necessário que sejam aparadas, regularmente, com uma tesoura ou um alicate especial, o que deve ser feito a intervalos de trinta dias.

Como cuidar das unhas dos filhotes

Quando atingem mais ou menos uma semana de idade, os filhotes começam a se movimentar pelo ninho, passando uns sobre os outros e sobre a cadela. Por esse motivo, suas unhas devem ser cortadas para que não arranhem a mãe ou nela provoquem ferimentos, o que a deixa bastante nervosa e irritada. Além disso, cortar as unhas dos filhotes evita que eles fiquem se arranhando, o que pode produzir neles, arranhões, ferimentos, infecções etc.

Se não cortarmos as unhas dos filhotes, elas podem se transformar em um problema sério para a cadela, porque são numerosas e ficam grandes, afiadas e pontudas, podendo causar ferimentos e infecções, às vezes graves, nas tetas e mamas, provocando até sua perda, o que prejudica sua produção leiteira e a desvaloriza como reprodutora.

As tetas e mamas da cadela podem ficar muito doloridas e, às vezes, ela sente dores muito fortes, principalmente porque, quando mamam, além de as sugarem e esticarem, os filhotes as empurram ou "cutucam" com o focinho e as patas, dão pancadas sobre elas e as arranham com as unhas. Como as dores que isso lhe provoca podem ser muito fortes, e até mesmo insuportáveis, a cadela, muitas vezes, nem os deixa mamar. Pelos motivos expostos, as unhas dos filhotes devem ser cortadas uma vez por semana, podendo ser usados para isso uma tesoura bem afiada ou um alicate especial para unhas. Devemos tomar muito cuidado para não cortarmos as unhas curtas demais, para não atingirmos "o sangue", ou seja, a parte em que se localizam as artérias, veias e nervos, para evitarmos sangramentos, dores e prováveis infecções.

Quando os cãezinhos já saem do ninho e começam a andar e a correr em superfícies ásperas, as unhas crescem menos, porque se desgastam mais, ficando menos pontudas e mais curtas.

Dentes

O cuidado com os dentes dos cães é uma preocupação que o dono deve ter. Os dentes são partes vitais do seu corpo, pois são utilizados para várias finalidades, mais especialmente para a defesa do animal e para sua alimentação.

Para cuidarmos adequadamente da dentição do Golden Retriever devemos, em primeiro lugar, nos preocuparmos com a qualidade da ração a ele fornecida. Isto é importante, na medida em que as rações de boa qualidade devem conter elementos e um grau de dureza que auxilie na limpeza dos dentes.

Além do cuidado com a ração a ser ministrada ao cãozinho, outra providência importante é realizar, regularmente, a escovação nos seus dentes. Para isso, precisamos contar com uma escova dental apropriada para cães e, mais ainda, para o porte do animal. Além da escova, deve ser utilizado creme dental especial para cães. A principal diferença entre um creme dental destinado aos seres humanos e o dentifrício para cães é a falta do flúor na composição do creme dental para cães.

CAPÍTULO 7

Em caso de emergência com o seu Golden Retriever

Os cães, como todos nós, estão sujeitos a sofrer acidentes de todos os tipos ou mesmo, repentinamente, algum problema saúde pode se manifestar. Alguns acidentes comuns para os cães são os atropelamentos, choques elétricos, quedas, ingestão acidental de algum produto nocivo ou tóxico, ferimentos devido a brigas com outros cães etc.

Por esses motivos, seus donos devem estar sempre atentos para perceber o ocorrido, avaliar o perigo para a saúde dos seus cães e poder socorrê-los com a máxima urgência possível, de acordo com as necessidades, chamando um médico veterinário ou os levando para uma clínica veterinária ou para um hospital especializado.

Esses acidentes podem ocorrer com os cães de todos os tamanhos ou raças e de todas as idades. Damos a seguir, alguns exemplos de acidentes e as providências que devemos tomar para enfrentá-los da melhor maneira possível.

Fraturas

Os donos de cães devem estar sempre preparados para enfrentar uma emergência, porque os cachorros, como também ocorre com as crianças, fazem as suas travessuras e, muitas vezes, podem "se dar mal", sofrendo traumatismos ou lesões de diversas naturezas que, em alguns casos, podem ser graves. Entre eles destacam-se as fraturas, que podem ser internas ou, então, externas ou expostas, quando o osso ou ossos, total ou parcialmente fraturados, ficam expostos ao ar, para fora do local em que se localizam normalmente. Isso ocorre logo após o rompimento dos tecidos que os recobrem.

As fraturas são quebras ou rompimentos parciais ou totais de um, de dois ou de maior número de ossos. Elas podem ser simples rachaduras ou trincados, ou, então, ocorre a sua ruptura, que pode ser parcial ou total.

Quando um cão sofre uma fratura, muitas vezes, não estamos por perto para presenciar o acidente e, dessa forma, não podemos tomar as medidas mais indicadas para cada caso. Assim, somos obrigados a suspeitar de uma possível fratura, luxação, entorse etc., apenas pela observação do comportamento do cão. Se o animal estiver com uma perna fraturada, por exemplo, notamos que ele manca ao andar, se movimenta com mais dificuldade e evita colocar uma das patas no chão. Pode, ainda, "reclamar" da dor, com ganidos ou choros, sempre que forçar a área lesada.

Intoxicação por ingestão acidental

Quando um cão ingere, sem que o percebamos, algum produto tóxico, como um produto de limpeza, por exemplo, o que devemos fazer é levá-lo imediatamente a um médico veterinário, juntamente com a embalagem do produto. Com a embalagem, o veterinário poderá saber, com maior precisão, qual o remédio mais indicado para cada situação, aumentando as chances de o animal não sofrer tanto ou, ainda, de salvar-lhe a vida. Não devemos, nunca, tentar induzir o vômito do animal.

Asfixia

Muitas vezes, um cão pode tentar comer algum objeto e ficar engasgado com ele. Como consequência, poderá ficar com falta de ar, sofrendo uma asfixia, que pode tirar-lhe os sentidos ou, ainda, levá-lo à morte.

Para evitar maiores problemas e salvar o cãozinho, devemos tentar mantê-lo calmo e, ao mesmo tempo, olhar a sua garganta, para vermos se é possível localizar o objeto que esteja causando o problema. Após localizá-lo, devemos removê-lo com uma pinça, ou mesmo com os dedos, se for possível. Devemos tomar cuidado para não empurrar o objeto mais para dentro, o que poderia agravar ainda mais a situação.

Se não for possível remover o objeto e o animal estiver entrando em colapso, devemos pressionar sua caixa torácica, vigorosamente, três vezes. Esse procedimento visa deslocar o objeto para fora, fazendo com que seja expelido completamente ou, pelo menos, que o deixe em uma posição mais fácil para ser removido com uma pinça ou com os dedos.

Feridas de mordidas

O Golden Retriever é um cão extremamente tranquilo e amável. Entretanto, por se tratar de um cão, e possuir seus instintos animais, pode, eventualmente, se envolver em uma briga com outro cão, seja ele de sua raça ou de outra qualquer. Se houver ferimentos com sangue, devemos cuidar muito bem deles e, no caso de ferimentos mais graves, o animal deve ser levado o mais rapidamente possível a um hospital veterinário.

É importante nos lembrarmos sempre de que uma ferida exposta é uma grande porta de entrada para infecções e, por essa razão, deve ser muito bem limpa e desinfetada. Primeiro, limpamos a ferida com soro fisiológico ou, na falta deste, com água potável. Depois, devemos utilizar algum antisséptico local, para desinfetar a ferida. Se houver um sangramento constante, antes de o limparmos e desinfetarmos devemos pegar um pedaço de pano e pressionar o local, por alguns minutos, até que o sangramento seja contido. Depois, passamos para a assepsia local, ou seja, para a limpeza e desinfecção da ferida.

Vômitos

Os vômitos podem ser causados pelos mais diversos motivos. Podem ser relativos a uma simples condição de sensibilidade momentânea em alguma parte do aparelho digestivo, mas podem, também, fazer parte de um quadro clínico mais complexo, ou seja, podem ser sintoma de alguma doença ou de intoxicações.

De qualquer maneira, quando o cãozinho apresentar vômitos devemos, em primeiro lugar, verificar se essa ocorrência é um fato isolado ou se existem outras anormalidades acontecendo, como diarreia, por exemplo. Depois, devemos suspender qualquer tipo de alimentação que não faça parte da alimentação normal do cão, pois pode estar havendo algum tipo de intolerância a um novo alimento ou "guloseima".

Se os vômitos persistirem, devemos interromper totalmente a alimentação por duas a três horas e fornecer, se o cão a procurar, água. Depois, lentamente, devemos oferecer ração seca, até normalizar a sua oferta ao cão. Após um período de 24 horas, a alimentação deve ser totalmente normalizada. Caso os vômitos persistam, devemos levar o animal ao médico veterinário.

CAPÍTULO 8

Como escolher um filhote

Quando alguém resolve ter um cão, deve levar em consideração uma série de fatores entre os quais:

1. Os cães são animais e não objetos ou máquinas! e que, por esses motivos, são sensíveis às dores, aos maus tratos e, principalmente, ao desprezo e ao abandono;
2. Eles possuem sentimentos como os de afeto, carinho, alegria, tristeza, amor, ódio, raiva etc.;
3. Eles sentem e sofrem como os humanos e, por esse motivo, não devem ser maltratados;
4. Terá de mantê-lo por mais de 10 anos, tratando-o sempre com todo o cuidado e carinho.

Além disso, deve lembrar-se, também, de que nunca, mas nunca, mesmo, poderá soltá-lo, abandonando-o pelas ruas, pois o estará submetendo a muitos sofrimentos, porque ele ficará sem um abrigo e também passará fome. Cães abandonados passam por grandes sofrimentos psicológicos, como se fossem crianças bem pequenas. Podem ser atropelados ou sofrer nas mãos de pessoas de má índole, comer restos de comidas estragadas e adoecer com facilidade. O abandono de animais, além de ser crime, é um ato de extrema maldade com o animalzinho.

Os cães possuem, também, sentimentos puros, entre os quais estão os de amizade e de lealdade a seus donos e uma boa convivência com os seus familiares.

Para não tratar bem os cães, como eles merecem, o melhor é não possuir nenhum desses animais.

Por esses motivos, antes de adquirir um cão, devemos nos lembrar de que teremos de conviver com ele durante muitos anos, mantendo um relacionamento cordial e de muita amizade, o que só é possível se gostarmos muito desses animais.

Não devemos esquecer que os cães possuem hábitos, instintos e atitudes de animais, o que deve ser respeitado, pois fazem parte do seu modo de ser.

Eles são animais inteligentes que, quando selvagens, viviam em matilhas. Além disso, lutavam para ser os chefes da sua matilha ou do seu bando.

Quando começaram a viver com os humanos, eles passaram a considerar as pessoas com as quais conviviam como os seus líderes absolutos. Por esse motivo, devemos demonstrar ao cão que, realmente, o líder somos nós, pois, se não o fizermos, ele passará a se sentir o líder que imporá sua vontade a todos ao seu redor, passando a ser o dono da casa, cuja vida e movimentação girará em torno dele. Muitas pessoas que nunca tiveram cães não acreditam que um pequeno cãozinho possa "dominar" toda uma família, mas, depois que isso se torna realidade, é mais difícil para reverter o quadro.

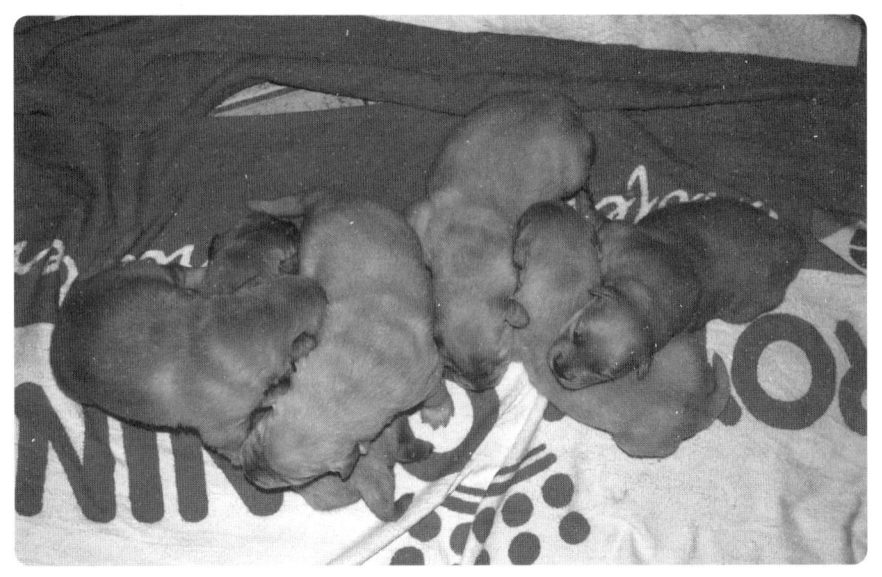

Filhotes com 15 dias – Canil Chasse – proprietários Marisa e Luiz Schiavon.

Nós mesmos podemos escolher o cão que desejamos, neste caso, o Golden Retriever. Quando, no entanto, não conhecemos bem, especialmente as características das raças, o melhor é nos aconselharmos com uma pessoa experiente no assunto para que possamos adquirir um bom animal.

Para adquirirmos um cão, devemos levar em consideração uma série de fatores, entre os quais: idade (filhote, jovem ou adulto), tamanho (padrão da raça), sexo, temperamento, personalidade, função (companhia, guarda, trabalho, reprodução ou para exposições) e preço.

Aquisição e garantias

Quando compramos um cão, para evitarmos algum problema técnico ou legal, devemos exigir do vendedor:

1. Um **recibo** ou documento de compra e venda no qual conste, principalmente, o valor da transação;
2. A **tarjeta**, que é um certificado de registro emitido por uma entidade oficial filiada à Associação Cinológica Brasileira;
3. O ***pedigree***, também emitido por uma entidade cinológica oficial, filiada à FCI (*Fédéracion Cinologique Internacionale*). Quando se tratar de um pedigree estrangeiro, o melhor é consultar um Kennel Club, para confirmar sua validade;
4. O **atestado de saúde**;
5. A **carteira de vacinação**.

Filhotes com 35 dias brincando – Canil Chasse – proprietários Marisa e Luiz Schiavon.

O cão poderá, ainda, ser vendido castrado e com um *chip* de identificação, implantado subcutaneamente no animal. Nesse caso, as garantias para o comprador são ainda maiores e, pelo fato de o cãozinho já ser castrado, não haverá problemas causados pelo cio, reprodução indesejada e, principalmente, inúmeros problemas de saúde que ele poderia apresentar durante sua vida, tanto os machos, quanto as fêmeas, se não forem castrados.

Puro ou mestiço

Quando desejamos um cão somente como animal de estimação e não para a reprodução ou para apresentar em exposições, as exigências em relação às suas características podem ser menores, permitindo uma boa economia na sua compra, porque bons reprodutores ou animais de alto nível zootécnico são muito caros. É necessário, no entanto, levar em consideração alguns fatores, como verificaremos a seguir.

É preferível adquirirmos um Golden Retriever puro (de preferência com *pedigree*) a um mestiço, por uma série de razões, entre as quais: o temperamento do cão puro é conhecido, mas imprevisível nos mestiços; não sendo conhecida a raça ou a ascendência do cão que cruzou com o Golden Retriever puro para produzir o mestiço, não poderemos, por exemplo, nem prever de que tamanho ficará o filhote quando adulto.

Fêmea ou macho

Normalmente, quando vamos decidir de que sexo adquirir um cão, devemos considerar alguns fatores, entre os quais, os mencionados abaixo.

Fêmea

Costuma ser mais calma, meiga, atenciosa, dócil e carinhosa do que o macho. Gosta mais de brincar, parece ser mais apegada ao dono e ter por ele maior dependência. Segundo alguns autores, ela também é mais atenta ao ensino e ao treinamento do que o macho.

A cadela, no entanto, entra em cio de seis em seis meses, o que é inconveniente porque, nessa época, ela tem o sangramento, podendo sujar tapetes, poltronas, camas etc. Isso, no entanto, pode ser evitado se forem tomadas providências como, por exemplo, colocar-lhe uma fralda especial. Além disso, quando está no cio, ela exala um cheiro típico, para atrair os machos para o acasalamento. Por esses motivos, quando o objetivo é ter um cão somente para companhia, geralmente é adquirido um macho.

Quando, porém, a pessoa deseja ter um filhote do animal que está adquirindo ou iniciar uma criação, o melhor é escolher uma boa fêmea, porque será muito fácil conseguir um excelente macho para acasalá-la, pagando uma taxa de cobertura ou cedendo ao dono do reprodutor um filhote, por ele escolhido, na ninhada.

A fêmea leva uma desvantagem quando termina o cio ou quando desmama uma ninhada, porque não apresenta mais as suas boas condições físicas de antes, só as readquirindo depois de algum tempo, após muito trato e boa alimentação.

Filhotes com 60 dias – Canil Chasse – proprietários Marisa e Luiz Schiavon.

Naturalmente, quando a cadela está no cio deve ser "presa", ficando isolada para evitar que algum macho dela se aproxime e faça o acasalamento. Por esse motivo, se não houver possibilidade de serem tomados esses cuidados, o melhor é não adquirir uma fêmea, evitando, assim, os acasalamentos indesejáveis que muitas vezes, trazem sérios problemas para o dono da cadela.

Outro inconveniente de uma fêmea no cio é não poder entrar em exposições e competir porque, com o cheiro típico que exala nessa época, atrai e excita todos os machos presentes, perturbando os trabalhos e o andamento da exposição, embora o seu comportamento seja o mais normal possível.

De qualquer forma, uma boa solução é comprar uma fêmea castrada ou fazer a castração depois da aquisição. O melhor é que a fêmea sofra a cirurgia o mais cedo possível para que não tenha tempo de adquirir alguns hábitos das fêmeas não castradas.

Macho

É normalmente maior, mais forte, musculoso, dominador e menos delicado, meigo e carinhoso do que a fêmea.

Quanto ao trabalho, não há muita diferença entre fêmeas e machos, pois, como exemplos, podemos mencionar que, tanto um macho quanto uma fêmea podem ser ótimas companhias, excelentes guardas, bons cães de caça, eficientes boiadeiros etc., dependendo da sua raça.

Os Golden Retrievers não fogem a essa regra, pois, tanto os machos quanto as fêmeas, podem ser excelentes cães de companhia, meigos, carinhosos e amigos fiéis do seu dono, além de conviver bem com todas as pessoas que moram na sua casa.

Devemos lembrar, no entanto, que os machos, normalmente, são mais agressivos uns com os outros, principalmente quando não se conhecem. Mesmo machos que sempre viveram juntos desde pequenos, e até irmãos que nunca brigaram, certo dia podem entrar em luta.

Idade para aquisição

A melhor época para adquirirmos um filhote, é quando ele está com seis a oito semanas de idade, logo após ser desmamado, porque é nessa fase de vida que ele está abrindo os olhos para o mundo, passando a conhecer o ambiente em que vive, a ele se adaptando e aprendendo a enfrentar as mais diversas situações. Além disso, já começou a tomar as vacinas, ficando mais protegido contra diversas doenças. Portanto, a principal vantagem em adquirir um filhote com 60 dias ou mais é o fato de, nessa idade, ele já ter tomado a primeira dose de todas as vacinas principais.

Devemos, no entanto, levar em consideração outros fatores, entre os quais, o que mesmo um cão de mais idade pode se adaptar a um novo lar e se afeiçoar ao seu novo dono, tornando-se seu amigo. Entretanto, quando se tratar de um cão adulto, isso já se torna um tanto mais difícil. Outros fatores importantes a serem analisados, antes da compra, são o temperamento do filhote (calmo, vivo, agitado, nervoso, agressivo etc.), para que combine com o do seu dono e não lhe crie problemas, e o tempo de que dispomos para tratá-lo e a ele nos dedicarmos.

Resolvida a compra

Quando desejarmos escolher bem um filhote de Golden Retriever, podemos estudar tudo sobre a raça em revistas, livros etc., visitar exposições e, se possível, acompanhar os julgamentos; conversar com criadores e donos de *pet shops*, visitar criações e canis para ver como são criados os filhotes e tratados os cães, a sua higiene, medidas sanitárias etc. É muito importante conhecermos a cadela, a ninhada na qual vamos escolher um filhote e, também, o pai dos cãezinhos. Entretanto, se não desejarmos ter todo esse "trabalho", o melhor é adquirir o filhote de um canil ou *pet shop* idôneo, que seja conhecido e que venda o animal com todas as garantias, carteira de vacinação (já com as primeiras doses aplicadas), *pedigree*, castrado, com *microchip* etc.

Devemos nos informar, também, sobre os preços de venda, para verificar se eles estão de acordo com os concorrentes no mercado pois, os valores podem variar bastante.

Escolha do filhote

Depois de decidida a compra de um filhote de Golden Retriever, a primeira questão é saber onde adquiri-lo, o que pode ser feito em uma grande ou pequena criação, em um canil ou em um *pet shop*, desde que sejam idôneos, para evitar problemas, não só na aquisição, mas que possam aparecer mais tarde.

Resolvido, também, de que sexo será o filhote, passamos a escolhê-lo na ninhada, mas, de preferência, só examinando os do sexo que desejamos, respeitando as seguintes características:

- Não apresente nenhum sinal de nanismo;
- Não seja tímido ou agressivo;
- Seja o mais desenvolvido ou precoce, embora, às vezes, ele possa crescer muito e ultrapassar o tamanho desejado;
- Possua uma boa conformação;
- Seja o mais esperto, vivo, alegre e com os seus movimentos normais;
- Possua boa audição, ouvindo bem os ruídos ao seu redor;
- Sem nenhum defeito externo, inclusive de aprumos;
- Seja sadio;
- Sua visão seja perfeita, com os olhos vivos e brilhantes, sem lacrimejamentos, mucosidades etc.;

- Nariz úmido;
- Pelagem característica da raça, bonita e sem nenhum defeito, como manchas, falhas, crostas etc.;
- Não apresente pelos fracos ou foscos;
- Possua pelos lisos e brilhantes e pelagem fina e sedosa;
- Tenha apetite normal;
- Não esteja gordo demais;
- Possua a pele lisa, esticada e untuosa;
- Não apresente feridas, crostas ou calombos pelo corpo;
- Não apresente coriza, resfriado ou diarreia;
- Não possua corrimento anormal como pus, sangue etc., pelo corpo ou que seja nasal, vaginal, anal etc.;
- Esteja limpo, sem sinais de urina nos pelos ou de "sujeiras", principalmente de fezes em volta do ânus;

Filhote com 70 dias – Canil Chasse – proprietários Marisa e Luiz Schiavon.

- Sua dentição deve ser normal;
- Deve possuir todas as características da sua raça, como pelagem, tamanho (para cada idade) etc.;
- A fêmea deve possuir o aparelho reprodutor perfeito;
- O macho deve ter todos os órgãos genitais externos perfeitos, com os dois testículos na bolsa ou saco escrotal, pois, a falta de um deles (monorquidia) ou dos dois (criptorquidia) é um defeito grave, inutilizando o cão para a reprodução.

Só devemos adquirir um cão, qualquer que seja o seu tamanho, idade ou raça, após ele haver sido submetido a um completo e rigoroso exame, realizado por um médico veterinário.

Naturalmente, quanto mais idade tem o filhote, maior é a garantia de fazermos uma boa escolha porque, com o crescimento, suas características vão se acentuando e, por isso, só devemos adquirir um cachorrinho com, no mínimo 45 dias de idade.

Surdez

Todos os filhotes nascem surdos, mas, alguns dias depois, passam a ouvir normalmente. Em uma ninhada, no entanto, algum filhote pode nascer realmente surdo, não escutando os sons normais como gritos, assobios, os chamados das pessoas, barulhos de carros, de portas, de janelas etc.

Ele é sempre o último a sair do ninho para se alimentar, fazer as suas necessidades ou só para passear, porque acompanha seus irmãos que saem assim que ouvem o chamado do dono. Quando o cão é surdo, não faz, também, o gesto que todos os cães fazem instintivamente, mesmo quando ainda são filhotes: levantar imediatamente a cabeça e as orelhas e as virando na direção do barulho, para identificá-lo. Por esse motivo devemos, normalmente, controlar o comportamento dos filhotes que são sempre os últimos a saírem do ninho, suspeitos de não escutarem bem.

Quando houver suspeita de surdez, o filhote deve ser submetido a testes para verificar sua capacidade auditiva, ou seja, se ele é totalmente surdo ou qual o grau da sua surdez. Esse teste é muito simples, pois basta chamarmos o filhote, assobiarmos, fazermos barulho batendo com um objeto em uma vasilha qualquer etc., mas fazendo sons diferentes. Com esse procedimento, podemos chegar às seguintes conclusões:

1. O filhote ouve normalmente;
2. Ele não escuta muito bem e qual é o seu grau de surdez e
3. Ele é completamente surdo.

O cão que tiver algum problema de audição deve receber cuidados especiais, pois, por exemplo, se o soltarmos livremente, poderá ser atropelado ou sofrer outro tipo de acidente em decorrência da surdez.

Após a aquisição do filhote

Logo depois de adquirirmos o filhote, devemos levá-lo a um médico veterinário que lhe fará um exame geral, dará uma boa orientação sobre a sua alimentação e o seu manejo, receitará um vermífugo, indispensável nessa época da vida do filhote, e iniciará o esquema de vacinação, caso o cãozinho ainda não tenha recebido as primeiras doses antes da venda.

CAPÍTULO 9

Fase de crescimento do filhote

O filhote, logo depois de desmamado ou quando está com 45 ou 60 dias de idade, deve ser examinado por um médico veterinário, pois está na época de começar a fase de vermifugação e vacinação.

Esse período é de grande importância para a vida, o desenvolvimento e o futuro dos cães. É, também, o que acarreta maiores preocupações, porque os filhotes, antes da desmama, têm a cadela que cuida da sua saúde, lhes dá o carinho de que tanto necessitam, protege-os de todos os perigos, dá-lhes o seu melhor alimento, ou seja, o leite materno, e ainda lhes transmite certa proteção ou resistência imunológica contra algumas doenças.

A partir da desmama, no entanto, eles passam a depender somente do seu dono para alimentá-los, tratá-los, protegê-los contra as doenças, defendê-los de outros animais e, ainda, para proporcionar-lhes o carinho de que tanto necessitam, principalmente nessa fase da vida.

Além dessas responsabilidades devemos nos preocupar, e muito, com o ensino e o treinamento desses cãezinhos, pois são indispensáveis para que eles cresçam sadios, bem educados e obedientes, trazendo grandes alegrias aos seus donos.

O período de crescimento e desenvolvimento vai desde a desmama até a fase adulta, quando eles têm completada a calcificação dos ossos, o que nos Golden Retrievers ocorre, geralmente, entre os 10 e 12 meses de idade. Durante essa fase, em geral, multiplicam o seu peso de 3 a 6 vezes.

Controle de peso

A pesagem, para controlar a saúde, o crescimento e o desenvolvimento dos filhotes, deve ser feita com regularidade porque, quando verificamos que não há aumento de peso ou que ele é muito pequeno, isso indica que sua alimentação não está sendo adequada e que eles não estão sendo alimentados de maneira satisfatória. Vale dizer: ou a alimentação é fornecida em quantidade insuficiente, ou sua composição nutritiva é fraca e não atende às necessidades alimentícias dos cãezinhos.

Através do controle do peso podemos, ainda, suspeitar de possíveis problemas de saúde, pois, se o animal está sendo bem alimentado e mesmo assim não apresenta o ganho de peso normal para essa fase da sua vida, isto indica que pode haver algum outro problema, que deverá ser analisado por um médico veterinário. Normalmente, o que causa o pouco ganho de peso são as verminoses, muito comuns em filhotes.

Flor, fêmea de 2 anos – Campeã e Grande Campeã, criação Canil Chasse – proprietários Marisa e Luiz Schiavon

Uma alimentação insuficiente ou inadequada pode ser a causa predisponente de doenças, não só da nutrição, mas, também, as infecciosas, parasitárias ou orgânicas.

Outra vantagem que o controle do peso apresenta é permitir que seja avaliada, também, a uniformidade no crescimento e no desenvolvimento da ninhada.

Mudança de dentes

A troca dos dentes de leite pelos definitivos começa a ser feita quando os filhotes estão com 3,5 meses e termina, normalmente, aos 6 meses de idade. É muito importante que, nesse período, os dentes do cãozinho sejam examinados diariamente porque, às vezes, nascem os dentes definitivos antes mesmo de caírem os dentes de leite. Quando isso ocorre, o cão pode até ficar com uma dentadura dupla, o que lhe causa grandes problemas, dificultando a mastigação e, em consequência, sua alimentação.

Esse problema afeta, principalmente, os dentes caninos ou presas que, aos 6 meses, já atingiram seu tamanho máximo. Quando os dentes de leite não caem normalmente, devem ser extraídos. A higiene bucal deve ser feita com dentifrícios especiais para cães, por meio de escovação com escovas especiais para o tamanho de cada raça.

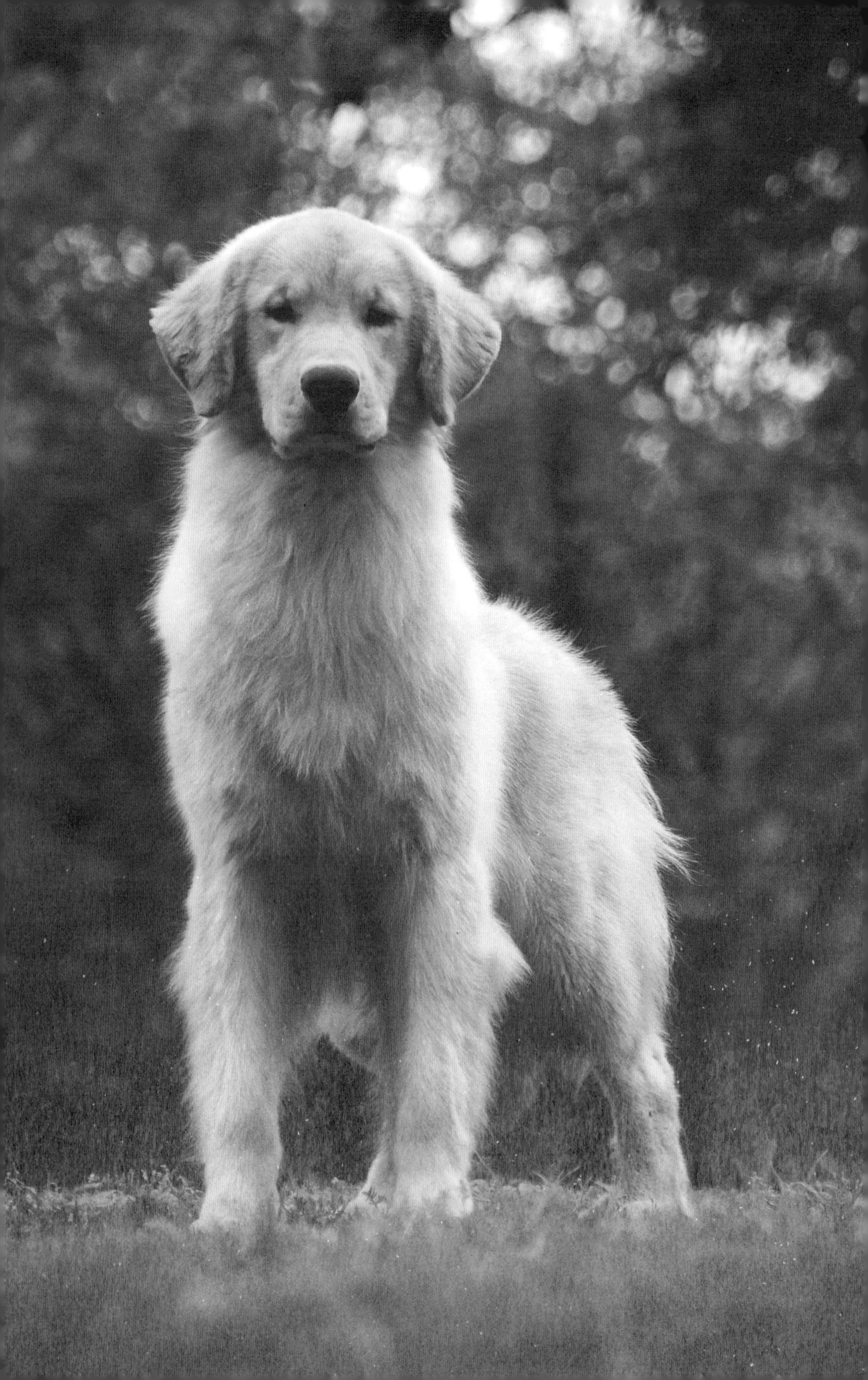

CAPÍTULO 10

Como criar Golden Retrievers

Para termos uma boa criação de cães, neste caso, de Golden Retrievers, ela deve se basear em:

1. Bons reprodutores, machos e fêmeas;
2. Boa alimentação;
3. Instalações adequadas e
4. Bom manejo.

Além disso, devemos escolher reprodutores, machos e fêmeas, que possuam características que concorram para que os resultados dos cruzamentos atinjam um elevado nível dentro do padrão da raça.

Devemos nos certificar, também, de que eles não possam transmitir nenhuma doença, mais ou menos comum à raça, para o quê existem exames especiais para o seu diagnóstico, bem como para doenças venéreas, e até mesmo para a brucelose, por meio de testes sorológicos.

Escolha dos machos ou padreadores

É uma escolha de grande importância, porque eles irão transmitir aos filhotes as suas boas ou más características. Deles depende, portanto, em grande parte, o sucesso da criação, como verificaremos mais adiante.

Para entrar em reprodução os machos devem ser puros, ter todos os órgãos genitais perfeitos e todo o aparelho reprodutor funcionando normalmente. Além disso, devem apresentar uma série de características, entre as quais: serem sadios, rústicos, precoces, bem conformados, vivos, fortes, vigorosos, de constituição robusta, ágeis e impetuosos.

Não devem ser muito gordos, mas bem musculosos. Não devem apresentar pus, corrimentos ou calombos pelo corpo. Devem ter o focinho úmido e os pelos de acordo com o padrão oficial da raça, sendo lisos e brilhantes. Não devem ser muito jovens nem muito velhos, para que possam ser utilizados com o máximo de aproveitamento, durante mais tempo, e devem ser livres de defeitos genéticos, além de possuir acentuadas características sexuais e raciais.

Star, fêmea de 6 anos – Grande Campeã – Canil Chasse – proprietários Marisa e Luiz Schiavon.

É de grande importância que sejam conhecidas as características dos seus ascendentes (pais e avós), pois maiores serão as possibilidades de seus filhotes corresponderem ao desejado.

Para que haja uma boa seleção dos reprodutores é necessário que eles sejam identificados por um nome ou um número, e que exista um controle da sua vida, das coberturas, da sua ascendência, descendência etc.

Seleção das fêmeas ou matrizes

As características desejadas nas cadelas, para que sejam boas matrizes ou reprodutoras, são:

- Serem sadias, vivas e não muito gordas;
- Terem o focinho úmido e os pelos de acordo com os padrões da raça;
- Não serem muito jovens nem muito velhas, para que possam ser aproveitadas durante mais tempo;
- Terem linhas finas, serem bem conformadas e compridas;
- Apresentarem o seu terço posterior mais desenvolvido;
- Serem mansas e calmas.

É indispensável, no entanto, que sejam férteis, prolíficas e boas criadeiras, além de possuírem uma boa capacidade leiteira, pois essas características são de grande importância e se constituem em preponderante fator de sucesso na reprodução dos cães. As cadelas que não produzirem leite durante 30 a 35 dias devem ser descartadas da reprodução.

As fêmeas entram em reprodução mais cedo do que os machos, mas, em compensação, terminam sua missão também mais cedo, porque as gestações e lactações sucessivas desgastam muito o seu organismo.

As primeiras coberturas e as crias obtidas já dão uma boa orientação sobre as qualidades das fêmeas como reprodutoras e criadeiras. Quando não produzem filhotes fortes, sadios, de bom tamanho, peso e em número satisfatório, ou quando a mortalidade dos filhotes é elevada ou eles são fracos e não atingem um bom desenvolvimento na desmama, elas devem ser eliminadas da reprodução, porque isso revela que são más criadeiras ou más reprodutoras.

As boas cadelas da raça Golden Retriever dão, com facilidade, 2 partos por ano, variando o número de filhotes por parto, sendo, em geral, de 8 ou mais. Ocorrem, no entanto, ninhadas muito mais numerosas, de 14 ou mais filhotes.

Seguindo essa orientação, o criador já tem uma boa base para adquirir os reprodutores, o que só deve fazer, no entanto, de criadores competentes, idôneos ou em casas especializadas, de confiança, e com a exigência do *pedigree*.

Idade para a reprodução

Os Golden Retrievers, quando completam 10 meses de idade, porque entram na puberdade, atingem a maturidade sexual. Os machos começam a produzir espermatozoides e as fêmeas têm o seu primeiro cio, ovulando normalmente. Não aconselhamos, no entanto, a sua reprodução com essa idade, pois ainda são muito novos e terão o seu desenvolvimento prejudicado com o desgaste da reprodução, principalmente as cadelas, que terão de suportar gestações e lactações sucessivas, o que lhes provoca um grande desgaste físico, especialmente quando as ninhadas forem grandes.

O melhor é realizar o primeiro acasalamento quando a fêmea tiver o seu terceiro cio ou quando ela estiver com dois anos de idade. Além disso, as cadelas muito novas ainda não possuem o instinto maternal desenvolvido e nem sempre cuidam dos seus filhotes normalmente como deviam, podendo até abandonar as suas crias. No entanto, para os machos, o primeiro acasalamento pode ser realizado a partir de um ano de idade.

Para obter os melhores resultados, o criador deve possuir somente reprodutores selecionados, de elevado padrão, tanto machos quanto fêmeas, além de controlar todas as etapas da reprodução de seus cães, pois isso é indispensável para que obtenha bons animais e os melhores resultados econômicos, quando sua criação for comercial.

Ciclo estral ou sexual da cadela

Como as outras fêmeas mamíferas, a cadela possui um ciclo estral que se repete, em média, duas vezes ao ano, ou seja, de 6 em 6 meses e que tem as seguintes fases:

1a. Proestro, cuja duração é de nove dias e durante o qual a cadela apresenta a vulva inchada, perda de sangue ou menstruação e atração pelo macho;

2a. Estro ou cio, durando, também, nove dias. O sangue para e a cadela, não só aceita, mas procura o macho para o acasalamento. A ovulação ocorre nos dois ou três primeiros dias dessa fase;

3a. Metaestro, que é a fase de regressão e sua duração é variável, de mais ou menos três meses;

4a. Anestro é o período ou a fase de repouso ou inatividade dos ovários e sua duração é de dois meses, terminando quando se inicia o novo ciclo estral.

Na prática, a fase mais importante para o criador, e a mais esperada, é o estro ou cio, porque é o período fértil, no qual são realizados os acasalamentos, que devem ser efetuados de dois a três dias após o término do sangramento, ou seja, de onze a doze dias do início da perda de sangue. A duração média do cio é de nove dias, podendo variar de cinco a doze, de acordo com o tamanho ou a raça da cadela.

O cio

Quando atinge a maturidade sexual, a cadela entra na puberdade, o que, na raça Golden Retriever, ocorre dos 8 aos 12 meses de idade. É nessa época que ocorre o primeiro cio, ficando a cadela apta a reproduzir. O cio dura 9 dias, embora possa variar entre 5 e 12.

Por ser a fase mais importante para o criador, pois é nela que são realizados os acasalamentos (dois a três dias após o término do sangramento), é muito importante que saibamos, exatamente, quando termina essa fase.

Graham, macho de 5 anos – Campeão Canadense e Campeão Americano – Canil Chasse – proprietários Marisa e Luiz Schiavon.

Para verificar quando termina a hemorragia, basta fazer a cadela dormir sobre um lençol branco ou claro, pois todas as noites ele ficará "sujo" de sangue. No primeiro dia em que ele amanhecer limpo, é sinal de que a hemorragia já parou. Basta, então, contar onze ou doze dias do início do "sangue", para fazer o acasalamento.

Uma alimentação má ou defeituosa, muito abundante ou afrodisíaca, a consanguinidade, distúrbios glandulares etc., podem provocar a diminuição ou até mesmo a ausência do cio.

Algumas doenças (quistos ovarianos, por exemplo) podem provocar um cio permanente nas fêmeas que, por isso, são denominadas ninfômanas. Há cadelas que têm problemas de inflamação no útero (metrite) e, em consequência, sua menstruação tem uma duração anormal.

Não deixar as fêmeas engordarem muito é um aspecto importante, porque as muito gordas dificilmente engravidam, e o excesso de gordura torna o parto difícil, trazendo grandes sofrimentos para a cadela.

Preparando para o acasalamento

Como se trata de um ato sexual normal e indispensável para que haja a reprodução natural, ele, em geral, se realiza sem maiores problemas. No caso, porém, de a cadela e o cão serem virgens, ele pode se tornar difícil e até mesmo nem se realizar. Nessas circunstâncias, a pessoa que está acompanhando ou vigiando o casal deve intervir, ajudando para que o acasalamento se realize.

Na maioria das vezes, isso ocorre devido à dificuldade de fazer com que o macho "acerte" a vulva da cadela, para que o seu pênis nela penetre, realizando-se assim, o acasalamento.

O melhor, quando se tratar de um macho novo, é juntar a ele uma cadela que esteja entrando no cio, para que haja mais tempo para ser feito um maior número de tentativas de acasalamento e ele possa se realizar, antes do fim do período de ovulação da cadela.

Devemos, no entanto, tomar alguns cuidados antes de juntarmos o casal para a cobertura, como, por exemplo:

- Não acasalar cadelas no seu primeiro cio, mas somente do segundo ou terceiro, em diante;
- Só acasalar machos depois de um ano de idade;
- Quando não são mais ou menos da mesma idade, o melhor é acasalar uma cadela mais velha e experiente, com um macho mais novo, ou então, uma fêmea nova, jovem e especialmente quando é virgem, com um macho mais velho e com muita experiência.

Devemos, também, acasalar somente cães em perfeitas condições de saúde, livres de parasitas externos ou internos (vermes), vacinados e com todos os órgãos genitais perfeitos.

O acasalamento deve se realizar em ambiente isolado, sossegado e, de preferência, na presença de uma única pessoa, para controlá-lo. Para que isso ocorra, tanto a fêmea pode ser levada ao macho, quanto este à cadela.

Ritual do acasalamento

Para a realização do acasalamento, devemos proceder da seguinte maneira, quando o macho e a fêmea forem se encontrar pela primeira vez, ao serem colocados juntos:

- Uma pessoa segura o cão e outra a cadela, pela guia, mantendo-os separados, a certa distância um do outro, para que eles se vejam e para que possam ser observadas as suas reações, um em relação ao outro;
- Quando um deles tenta avançar sobre o outro, deve ser acalmado com palavras;
- Aos poucos, deixar que os dois se aproximem um do outro até que consigam se cheirar;
- Caso comecem a abanar a cauda e não demonstrem sinais de agressividade, as guias podem ser afrouxadas para que se reconheçam melhor, o que fazem cheirando, principalmente as regiões anal e genital do seu parceiro;

- Não havendo nenhuma reação de um ou de ambos os animais, eles podem ser soltos, à vontade, livres para o acasalamento que, quando a fêmea está no cio e o macho é normal, será realizado sem problemas;
- Terminado o ato sexual, os animais se separam normalmente e devem ser colocados isolados um do outro, pois somente uma cobertura é suficiente para que haja a fecundação e a cadela entre em gestação. Caso, no entanto, o criador queira repetir o acasalamento, "para garantir", basta juntar o casal uma ou duas vezes mais, nos dias seguintes, pois a cadela ainda receberá o macho por mais uns cinco a sete dias.

Depois do acasalamento e terminado o cio, a cadela volta à sua vida normal. Não há necessidade de alterar os seus hábitos nem a sua alimentação, até ficar comprovado que ela entrou em gestação.

No caso de canis, o ideal é cobrir duas ou mais cadelas, no mesmo dia, para que seja possível, se necessário, passar filhotes excedentes de umas para outras com poucos filhotes; elas servem de amas de leite para os que lhes são confiados.

O acasalamento

É o ato sexual realizado entre animais de sexos diferentes, e tem como objetivo a fecundação dos óvulos pelos espermatozoides ejaculados pelo macho dentro da vagina da fêmea. Sem fecundação não há reprodução.

O acasalamento, como já o mencionamos, deve ocorrer na presença do criador, não só para que ele comprove a sua realização, mas, também, para que possa intervir, se necessário. Ele acontece devido à atração sexual que o macho sente pela fêmea e esta por ele, atração esta estimulada pelos hormônios sexuais que, na fêmea, provocam um "cheiro" típico quando ela está no cio, e que atrai os machos, até mesmo a longas distâncias.

Deve ser realizado no 11º, 12º ou até o 16º dia após haver parado o "sangramento" da cadela, o que varia um pouco, pois o melhor dia está nesse período, não havendo um dia certo como o melhor para a cadela enxertar.

Os melhores dias são aqueles em que a cadela aceita o macho com maior facilidade, o procura e até monta nele ou em outras cadelas, "anunciando", assim, que está em pleno cio.

Um sinal típico e importante, porque significa que a cadela está no cio e bastante excitada, é que ela desvia a cauda para um dos lados, deixando livre a sua vulva quando um macho ou mesmo outra cadela chega perto ou tenta montá-la.

Para maior garantia de fecundação da fêmea, o acasalamento pode ser repetido uma hora depois, quando não for realizado normalmente, ou 24 a 48 horas depois, para maior garantia de obter uma gestação.

Nos cães, a cópula dura, geralmente, 15 minutos contados a partir da penetração do pênis, até que o casal se separe normalmente, embora possa levar 30 minutos ou até mais tempo.

Quando o dono de uma cadela "contrata" um padreador para cobri-la, considera o serviço satisfatório quando os animais ficam "juntos" ou "engatados", pelo menos, durante 15 minutos. A ejaculação do cão é feita lentamente e em gotas.

Devemos chamar a atenção para um aspecto muito importante do acasalamento dos cães, ou seja: o pênis do cão, ao penetrar na vagina da cadela, ainda se encontra um tanto flácido, mais ou menos "mole". Logo, porém, que penetra em seu interior ele entra em ereção total, ficando intumescido e rígido ("duro").

O pênis do cão possui duas protuberâncias ("bolas"), uma de cada lado. Quando ele penetra na vagina da cadela, essas protuberâncias, ainda "moles", vão se ajustando e passam pelos ossos pélvicos da fêmea. Quando, no entanto, já dentro da vagina, o pênis entra em ereção total, elas aumentam de tamanho e se tornam duras. É por isso que o pênis não pode sair, ficando os animais presos um ao outro.

Somente depois que a ereção vai diminuindo e cessa, ficando o pênis e as "bolas" mais moles e menores é que o pênis pode sair, permitindo que o casal se separe. Por esse motivo, quando o macho e a fêmea estiverem unidos ou "engatados" (na linguagem popular) devem ser deixados bem sossegados porque, se forem incomodados ou espantados, podem se movimentar ou até correr, tentando se separar antes do tempo, o que provoca dores, sofrimentos, ferimentos graves e até fraturas, tanto nos machos que podem ter o osso peniano fraturado, quanto nas fêmeas, com ruptura da bacia.

Quando tomamos os cuidados necessários, o acasalamento se realiza normalmente, sem nenhum problema, pois é um ato natural na reprodução dos cães. Quando, no entanto, os cães são molestados, principalmente quando estiverem unidos, esse ato natural pode se transformar em um verdadeiro acidente na vida desses animais.

Outro cuidado importante é não deixar o macho e a fêmea juntos, por vários dias, mesmo quando a cadela estiver no cio, porque não é necessário para a fecundação e só causará cansaço e esgotamento desnecessários à fêmea e principalmente ao macho.

Cuidados após o acasalamento

O primeiro e mais importante cuidado que o criador deve tomar, após o acasalamento da sua cadela, é evitar que outro macho dela se aproxime, pois ele pode acasalá-la, fecundando-a também, o que lhe causaria grandes prejuízos, principalmente no caso de uma cadela de elevado padrão zootécnico, que poderia ser enxertada até por cães "vira-latas" ou cães de rua.

Depois de terminado o acasalamento e de os animais serem separados, deve ser feita a sua higiene, sendo que a da fêmea deve ser somente externa.

Como, às vezes, a cobertura falha, podemos repeti-la mais 2 vezes, com intervalos de 1 dia entre elas.

Gestação, gravidez ou prenhez

É o resultado da concepção da cadela, com a fecundação dos óvulos pelos espermatozoides, formando os ovos. A gestação começa, exatamente, no momento da nidação, ou seja, no instante em que os ovos se fixam no útero, e termina com a expulsão dos fetos pelo organismo da cadela e o nascimento dos cãezinhos.

A gestação significa, portanto, que a cadela tem, em seu útero, ovos que se transformam em embriões e estes em fetos. Cada feto fica alojado em uma bolsa d'água independente.

Período de gestação

Na raça Golden Retriever, normalmente, ele dura de 60 a 63 dias a contar do último acasalamento, mas esse período pode variar para mais ou para menos, de 5 a 6 dias, pois nele podem influir diversos fatores, principalmente o número de fetos: quanto maior o seu número, menor o período da gestação e quanto menor o seu número, mais prolongado será ele. Geralmente, os filhotes que nascem até 6 dias antes da data prevista para o parto, não sobrevivem.

Sinais de fecundação e de gestação

Não existem sintomas que indiquem, nos primeiros dias após a cobertura, se a cadela enxertou. Geralmente, são necessários de 30 a 45 dias para que as pessoas leigas, com pouca prática, possam confirmar se a cadela entrou ou não em gestação.

Alguns sinais, no entanto, podem dar certa orientação; entre eles, temos os seguintes:

- A cadela fica mais calma, começando a engordar e o seu andar vai se modificando;
- A conformação do seu corpo vai se alterando, principalmente a barriga, que vai se esticando e aumentando;
- Mais no final da gestação, no seu 2º mês, as tetas aumentam e, quando espremidas, deixam sair um leite amarelo;
- Os movimentos dos fetos podem ser vistos externamente, principalmente na última semana de gestação e quando a cadela está deitada de lado;

- Com um estetoscópio ou até com o ouvido, podem ser ouvidas as batidas dos corações dos fetos;
- A palpação ventral, no entanto, é o método mais seguro para fazer o diagnóstico da gestação, mas deve ser feita com todo o cuidado. Por esse método é possível a confirmação da gestação entre o 21º e o 28º dias.

Ultrassom

A partir do 20º dia após o acasalamento, no entanto, já é possível saber, com certeza, se a cadela entrou em gestação, bastando a utilização do exame de ultrassom. Essa tecnologia passou a ser adotada na medicina veterinária na década de 80 e vem se tornando rotina para a maioria dos criadores que, com a confirmação da gestação, podem fazer planejamentos mais precisos.

Esse exame permite, também, estimar o número de filhotes, não com grande precisão, mas a informação obtida costuma ser bastante valiosa para os criadores.

A ultrassonografia é um exame não invasivo, que não causa nenhum tipo de reação e não traz riscos à cadela nem aos seus filhotes.

Gestações anormais nas cadelas

Temos, como exemplos, as seguintes:
- Gestações extrauterinas, como as que ocorrem nas trompas, de grande risco para a vida da cadela;
- Os abortos, ou seja, a expulsão dos fetos antes de estarem em condições de sobreviverem;
- Formação de monstruosidades, isto é, de fetos completamente anormais.

Exercícios

Por estar grávida, e principalmente por isso, a cadela deve fazer exercícios diários, pois eles estimulam a circulação sanguínea, a respiração, o funcionamento dos intestinos, evitando a "prisão de ventre", e exercita os músculos de todo o corpo, mantendo-os "em forma", o que vai ajudar muito nos trabalhos de parto.

Além disso, os exercícios, aliados a uma alimentação controlada e não excessiva, fazem com que a fêmea não engorde muito, o que também a auxiliará bastante no parto, pois gordura excessiva dificulta muito o nascimento dos filhotes e causa maiores sofrimentos à parturiente e aos próprios filhotes durante o nascimento.

Naturalmente, os exercícios não devem ser excessivos e a cadela gestante não deve se cansar muito, principalmente nas últimas semanas antes da data prevista para o parto, para que ela atinja esse momento descansada e relaxada psicologicamente.

Alimentação na gestação

No primeiro mês da gestação a cadela pode continuar a receber a mesma alimentação que recebia antes do acasalamento. Como, no entanto, durante a gestação a cadela tem de arcar com o ônus da formação dos fetos e, depois que os filhotes nascem, tem de alimentá-los com o próprio leite, é muito importante que ela receba uma alimentação limpa, sadia, fresca e abundante, mas não em excesso, para que não engorde muito; bem equilibrada e composta de proteínas, carboidratos, sais minerais e vitaminas.

Entre os alimentos indicados, temos as rações balanceadas específicas para cadelas gestantes, farinhas, cereais, verduras, carnes, peixes, ovos etc.

No segundo mês de gestação, a cadela deve receber maior quantidade de alimentos do que normalmente. Esse aumento pode ser de 20 a 30%, porque o desenvolvimento dos fetos é muito grande nesse período, mas deve ser controlado para evitar o excesso de alimentos, para que a cadela não engorde muito, o que dificultaria o trabalho de parto. É aconselhável, também, que ela receba, diariamente, um complexo de vitaminas e sais minerais e que disponha de água fresca, limpa e à vontade, principalmente nos períodos de gestação e de lactação. Uma alimentação defeituosa e deficiente ou a falta de água podem causar uma série de problemas para a cadela gestante.

Caso seja observado algum distúrbio durante a gestação da cadela como, por exemplo, perda de apetite, tristeza, abatimento, excitação, febre ou corrimento vaginal (com ou sem sangue), ela deve ser levada, imediatamente, ao médico veterinário, para que o problema possa ser diagnosticado com segurança e controlado o mais rapidamente possível, pois disso pode depender o sucesso da gestação ou a ocorrência de um aborto.

Falsa gestação

Pode acontecer a uma cadela no cio que seja colocada com um macho e que seja coberta por ele, normalmente.

A cadela começa, logo depois, a apresentar sintomas de gestação: fica mais calma, começa a engordar, o seu ventre vai aumentando de volume, suas mamas aumentam e, quando as tetas são espremidas, sai delas um leite.

Passam mais de 60 dias e a fêmea não entra em trabalho de parto, não tendo os tão esperados filhotes. Começa, então, a emagrecer e volta a seu estado normal.

O que ocorreu, realmente, foi uma falsa gestação ou pseudogestação, também chamada gestação psicológica, porque a cadela, tendo sido acasalada por um macho estéril ou até por ter montado sobre um macho ou mesmo sobre outra cadela, ou ter sido por ela montada, entrou em orgasmo, o que desencadeou o seu mecanismo da reprodução, fazendo com que ela "pensasse" que estivesse grávida e, por isso, apresentasse todos os sintomas de uma gestação verdadeira. Quando isso ocorre, a única providência a ser tomada é esperar um novo cio, para que a cadela seja acasalada novamente.

Pode ocorrer, também, que uma fêmea seja acasalada pelo macho e entre em gestação, normalmente, mas que os embriões morrem, interrompendo essa gestação. Por esse motivo e apesar de a cadela não mais estar em gestação, sua mente ainda está condicionada a esse estado e, por isso, ela continua apresentando todos os seus sintomas externos; trata-se, portanto, de uma falsa ou pseudogestação, como as mencionadas anteriormente, mas por outras causas. Seus sintomas persistem até a época do parto, que não acontece e desaparecem logo, voltando a cadela ao seu estado normal.

Várias podem ser as causas da morte dos embriões como, por exemplo, fatores letais hereditários que podem aparecer devido à consanguinidade, principalmente estreita, entre parentes próximos; intoxicações; determinadas doenças, etc.

O leite e a falsa gestação

A cadela que está em falsa gestação, quando chega a época do parto, começa a ficar com as mamas e as tetas maiores, túrgidas e a produzir leite em maior ou menor quantidade. Compressas de panos quentes e massagens podem diminuir as dores que ela sente quando fica com as mamas muito cheias. Nesses casos, é melhor tirar um pouco de leite para aliviar a tensão nas mamas e o sofrimento da cadela, embora essas "tiradas" possam aumentar a sua produção leiteira.

A cadela em falsa gestação pode, até, ser aproveitada como ama de leite para filhotes excedentes de outra cadela ou órfãos.

Aborto

É a expulsão dos fetos antes de eles completarem o seu desenvolvimento no útero da cadela. Embora não seja muito comum, as cadelas podem abortar: é o aborto natural.

Várias, no entanto, são as causas que podem provocá-lo, destacando-se, entre elas:

- Quedas;
- Traumas ou "pancadas";
- Diversas doenças;

- Calor excessivo;
- Fêmeas acasaladas com machos com blenorragia;
- Sustos provocados por barulhos súbitos como tiros, gritos, explosões etc.;
- Presença de animais estranhos;
- Cadelas muito novas;
- Acasalamentos com machos muito novos;
- Intoxicações alimentares ou medicamentosas;
- Envenenamentos;
- Constipação (prisão de ventre) por defeitos de alimentação, como o abuso de grãos e farelos;
- Alimentação defeituosa ou má qualidade dos alimentos;
- Gordura excessiva.

Quando uma cadela aborta, dever ser isolada dos outros cães e levada, o mais rapidamente possível, a um médico veterinário, para exame e diagnóstico da causa do aborto.

Temos, também, o aborto provocado, quando o proprietário da cadela não quer que ela tenha a ninhada, geralmente, por ter sido coberta, contra a sua vontade, por um cão defeituoso, de outra raça ou por um animal mestiço.

Quando isso ocorrer, a cadela deve ser levada logo ao veterinário, pois, quanto mais cedo for provocado o aborto, menos sofrimento e danos causará à cadela. O ideal é provocá-lo até 2 dias após a cobertura, pois ainda será possível impedir a nidação, isto é, que o óvulo já fecundado, ou seja, o ovo, se fixe no útero. Dessa maneira, nem se inicia a gestação.

Mesmo depois desse prazo, é possível interromper uma gestação, mas, o melhor para a saúde da cadela, é deixar que ela tenha, normalmente, os seus filhotes.

Bruna, fêmea de 4 anos – Canil Chasse – proprietários Marisa e Luiz Schiavon.

CAPÍTULO 11

Período de lactação e como realizar a desmama

Os cães, como são mamíferos, até certa idade se alimentam somente com o leite produzido pela mãe. Por esse motivo, a sua vida, a sua saúde, o seu desenvolvimento e a sua precocidade dependem da quantidade e da qualidade do leite que ela produz.

O primeiro leite e o colostro

A cadela já pode amamentar os seus filhotes logo após terminar o parto, pois suas glândulas mamárias já começam a produzir leite. Esse primeiro leite é um pouco mais grosso do que o leite normal porque contém o colostro, em cuja composição entram substâncias ricas em proteínas, sais minerais, vitaminas, anticorpos contra diversas doenças etc. Além disso, o colostro tem um efeito laxativo, que faz os filhotes recém-nascidos evacuarem o mecônio, que é uma substância pastosa e amarela, deixando os seus intestinos livres dessa substância que os manteve "cheios" durante toda a sua vida fetal, mas que deve ser eliminada logo após o nascimento.

A composição do leite da cadela é a seguinte: proteínas, 7,4%; cálcio, 0,45%; fósforo, 0,51% e cinzas, 1,33%, o que o torna muito rico, fazendo com que, em apenas 9 dias, os filhotes dobrem o peso que tinham ao nascer.

Lactação

Começa com a primeira mamada que os filhotes fazem logo após o nascimento, e termina com a desmama, quando a cadela não mais produz leite e eles, portanto, não são mais por ela alimentados. É o período mais importante da vida dos filhotes.

Enquanto os filhotes estão mamando e só se alimentam com o leite materno (antes, portanto, de ingerirem outros alimentos), todas as suas funções orgânicas, exceto respirar, dependem, exclusivamente da cadela, como acontecia quando eles ainda eram fetos, vivendo no seu útero.

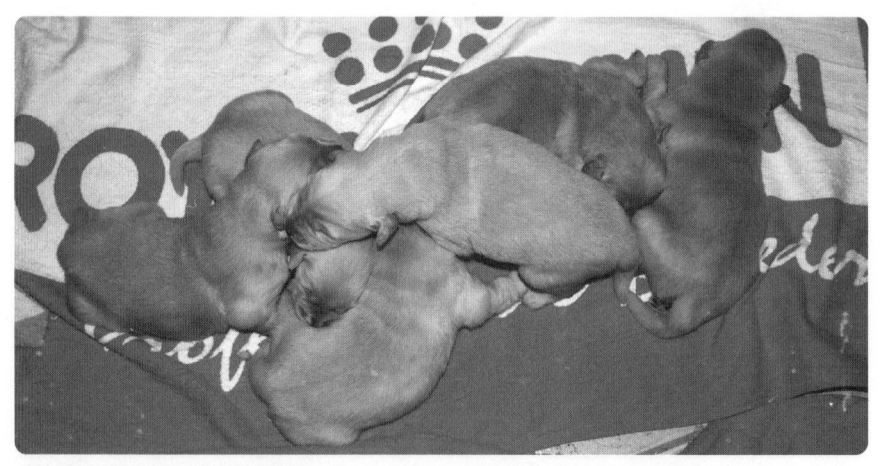

Filhotes com 15 dias – Canil Chasse – proprietários Marisa e Luiz Schiavon.

Produção de leite

Com o estímulo do parto, as glândulas mamárias da fêmea entram em atividade e iniciam a produção de leite, para que ela alimente os seus filhotes logo após o nascimento. A quantidade de leite é limitada pela capacidade leiteira da cadela. Naturalmente, outros fatores influem na sua produção; entre eles temos: a alimentação, condições ambientais, temperatura, estresse, manejo, doenças etc. As cadelas de 1ª cria, em geral, produzem menos leite do que nos partos seguintes.

A composição e a qualidade do leite também podem variar de acordo com diversos fatores como saúde, estresse, cansaço, alimentação, principalmente antes e durante a sua produção leiteira. Por esses motivos é que, durante os períodos de gestação e de lactação, devemos proporcionar à fêmea, uma alimentação adequada, farta, sadia, fresca, saudável, nutritiva, bem equilibrada e cuja quantidade seja suficiente para que ela ingira, em doses satisfatórias, todos os elementos nutritivos necessários para a sua produção leiteira e, também, para compensar o desgaste físico que ela sofreu, causado pela gestação seguida pela lactação. Por isso, devemos dar à cadela, de 3 a 5 refeições ao dia e água limpa, fresca, de preferência potável e à vontade.

Período de lactação

Embora esse importante período possa variar, as cadelas devem produzir leite para amamentar seus filhotes, no mínimo, durante 30 a 35 dias. Devemos, por isso, verificar se a cadela, desde a primeira mamada, produz uma quantidade de leite suficiente para alimentá-los.

Quando a mãe é má leiteira ou a sua ninhada é muito numerosa, devemos tomar as providências necessárias, imediatamente, transferindo os filhotes excedentes para outras cadelas ou suplementando sua alimentação com mamadeiras.

Os próprios filhotes reclamam quando não são bem alimentados e estão com fome, pois ficam "chorando" e "resmungando".

É preciso que não falte, nunca, leite para os filhotes, especialmente nos 3 primeiros dias de vida, porque é nesse período que ele contém o colostro. Devemos, por isso, controlar a produção leiteira da cadela, evitando possíveis prejuízos para o criador quando os filhotes, por não se alimentarem, não se desenvolvem, emagrecem e ficam fracos, chegando a morrer de inanição. Algumas vezes, a mãe não só não os amamenta, como até mesmo os enjeita...

O filhote menor ou mais fraco da ninhada deve ser colocado para mamar na cadela, de 2 em 2 horas, para que se alimente melhor e se desenvolva bem, podendo, assim, competir com os seus irmãos maiores.

Mesmo quando a cadela é boa leiteira, sua produção de leite pode baixar, por várias razões, entre as quais: falta de água suficiente para ela beber normalmente, alimentação defeituosa, inadequada ou deficiente em qualidade ou quantidade, ninhada muito numerosa, desmama precoce, falta de higiene, doenças etc.

As cadelas em lactação não devem tomar determinados medicamentos como vermífugos, por exemplo, porque eles passam para o seu leite e o contaminam, podendo intoxicar e até matar os filhotes.

As mamadas

Os filhotes devem ser alimentados, nos seus primeiros dias de vida, de 3 em 3 horas, passando depois, para de 4 em 4 horas ou de 5 em 5 horas. Esse esquema significa de 40 a 60 mamadas por dia e de 1.200 a 1.300 mamadas por mês, exigindo, não há dúvida, um esforço muito grande da cadela para alimentar a sua ninhada, desde o nascimento até a desmama.

Cuidados durante o período de lactação

Durante esse período, é indispensável que, todos os dias, as mamas, ou tetas, da cadela sejam examinadas, para que se verifique se elas estão normais, não apresentando nenhum problema, ou para que sejam tratadas, quando necessário. Esse exame é importante, porque os filhotes podem arranhá-las ou feri-las com suas afiadas e numerosas unhas, causando traumatismos, ferimentos, abcessos, infecções, mamites e até a sua perda.

Esses problemas, além de tudo, provocam dores, às vezes muito fortes ou intensas, trazendo grande sofrimento para a cadela.

Quando estão com 10 a 15 dias de idade, os filhotes já possuem dentinhos finos e pontiagudos que, não só irritam as tetas, mas, também, as podem ferir, provocando os mesmos problemas que as unhas. Portanto, para amamentar seus filhotes, a cadela pode sentir muitas dores e sofrer bastante, o que, às vezes, a faz evitar que eles mamem e, quando as dores são muito fortes, ela acaba não deixando que eles o façam.

Para diminuir ou evitar esses problemas, devemos cortar as unhas dos filhotes, desde a sua primeira semana de vida, para mantê-las sempre aparadas e bem curtas.

Se as mamas ou tetas começarem a ficar muito vermelhas, devemos aplicar compressas quentes sobre elas e fazer massagens para que desinchem, desinflamem e voltem ao normal, o que alivia e faz passar as dores que a cadela sente e que, muitas vezes são bastante fortes.

Alimentação suplementar

Quando a ninhada é muito grande ou a cadela produz pouco leite, os filhotes devem receber uma alimentação suplementar, para que fiquem bem alimentados. Para isso, devemos dar-lhes 2, 3 ou mais mamadeiras ao dia, além de mamarem na mãe.

Podemos, também, quando os filhotes estão com 25 dias de idade, ajudar na sua alimentação, dando-lhes 1 gema de ovo crua, para 100 gramas de leite de vaca.

As mamadeiras podem ser preparadas com receitas caseiras ou com leites industrializados, específicos para cada fase do aleitamento do filhote.

Desmama

A cadela deixa os filhotes mamarem à vontade, normalmente, só até, mais ou menos, 30 dias de idade, pois, já na sua 4ª semana de vida, ela passa a controlar as mamadas, diminuindo sua frequência e chegando a evitar, ao máximo, que eles mamem, começando assim, a desmama natural. Os filhotes passam, então, a se interessar por outros alimentos.

Nessa época, devemos começar a oferecer aos filhotes, papinhas industrializadas ou outros alimentos indicados para o período de desmama.

Com mais ou menos 7 semanas de vida, os filhotes ficam independentes, porque não precisam mais da cadela para se alimentarem podendo, portanto, ser desmamados com 45 dias de idade, voltando a cadela à sua dieta normal.

Quando os filhotes são bem alimentados, com 9 dias de idade já atingem o dobro do peso que possuíam ao nascer e, com mais ou menos 3 semanas, seu peso já é 4 vezes maior do que quando nasceram.

Não devemos desmamar todos os filhotes de uma só vez porque, não os tendo para sugar o seu leite, a cadela fica com as mamas cheias, o que pode lhe causar muitas dores, grandes sofrimentos, inflamações, abcessos, mamites etc., além da perda de mamas e de tetas.

Devemos, como rotina, dar um vermífugo aos filhotes, quando eles estiverem com 8 semanas de idade para que eliminem os vermes que os infestam logo depois que nascem, mesmo que não apresentem sintomas de verminose (barriga grande ou esticada e fezes coloridas, magreza etc.).

Quando o filhote desmama, deve receber um prato individual, só para ele, pelos seguintes motivos:

1. Ele passa a comer somente no seu prato, o que facilita o treinamento, mais tarde, para não comer comida achada ou oferecida por estranhos;

2. Ele fica menos sujeito a contrair doenças transmitidas por alimentos impróprios e até envenenados, propositalmente ou não;

3. Não há competição, entre os filhotes, pela comida, como acontece quando todos eles comem em um só prato ao mesmo tempo, pois os maiores e mais fortes comem, também, a comida dos menores e mais fracos que, se alimentando menos, têm o crescimento, o desenvolvimento e a saúde prejudicados;

4. Quando são vendidos e vão para suas novas casas, levam o seu prato, o que facilita a adaptação ao novo ambiente, continuando com boa alimentação.

Quando um filhote fica choramingando, irritado, nervoso e agoniado, isso pode ser um sinal de que ele está com fome ou com dor de barriga (cólica) provocada, em geral, por vermes intestinais.

Alimentação artificial

Após a desmama, a alimentação dos filhotes pode ser feita com leite de vaca, mingaus, sopas de legumes e arroz com carne crua moída ou picada (1 colher das de chá). A carne pode ser aumentada até 1 xícara, 2 vezes ao dia, quando os filhotes estão com 3 semanas de idade. Eles podem ser alimentados, também, com rações comerciais para filhotes.

Os filhotes desmamados devem receber 4 refeições ao dia, passando depois, a 3. Os cães adultos podem ser alimentados 2 vezes ou somente 1 vez ao dia. As refeições devem ser dadas, de preferência, mornas, no caso de comida caseira. Sua composição deve variar para melhor satisfazer o gosto ou apetite dos cães.

Apesar de poder ser alimentados com "comida caseira", devemos salientar que o melhor para o cãozinho é receber toda a sua alimentação em forma de ração balanceada industrializada (seca), que são as rações vendidas em *pet shops* e outros estabelecimentos comerciais. Procure sempre a melhor ração, ou seja, a mais adequada à raça, ao peso e à idade do cãozinho. Para os Golden Retrievers, devemos procurar rações específicas para esta raça ou rações destinadas a cães de porte maior.

Esse tipo de alimentação é ainda mais indicado do que a "comida caseira", desde que seja de uma marca conceituada e que contenha todos os nutrientes necessários para o filhote, nessa fase de seu desenvolvimento.

Os cães podem receber, durante toda a vida, como alimentação, arroz com carne moída ou picada e cenoura ou outro legume, cozidos na água com sal e algum tempero como alho, cebola, salsinha etc. Devem receber, também, vitaminas e sais minerais.

Como já se disse anteriormente, portanto, é importante que os filhotes sejam alimentados sempre no mesmo horário e no mesmo prato, colocado sempre no mesmo local e sobre um suporte especial ou mesmo um caixotinho, para que fique elevado e não diretamente sobre o chão.

Leite no prato

Alimentar os filhotes em mamadeiras é muito fácil, porque basta encostar o bico na boca e eles sentirem o cheiro do leite para que comecem logo a mamar, como nas tetas da cadela. Quando, porém, os alimentos como leite, mingaus etc. são colocados em pratos ou em comedouros, é necessário ensiná-los a comer e a beber nesses recipientes. Basta, para isso:

1. Colocar o leite ou mingau em um comedouro fundo;
2. Pegar uma colher pequena, "sujá-la" no alimento e encostá-la na boca do filhote, porque ele, sentindo o gosto do alimento como o leite, por exemplo, começará logo a lambê-la;
3. Colocar o filhote bem junto ao comedouro, molhar novamente, a colher no leite e encostá-la outra vez no seu focinho, pois logo que sentir o cheiro, começa a lambê-la;
4. Vamos, então, baixando a colher, até o filhote encostar a boca na superfície do leite porque, logo que isso acontecer, ele passará a lamber e a beber o leite do prato ou comedouro;
5. Se o filhote não começar a beber o leite, devemos repetir a operação porque, da segunda vez, ele o fará.

Outro método para ensinar o filhote a beber leite, no comedouro é o seguinte:

1. Lavamos as mãos e as enxugamos bem;
2. Molhamos um dedo no leite do prato e deixamos o filhote lambê-lo;
3. Molhamos outra vez, o dedo no leite e, enquanto o filhote o está lambendo, nós o baixamos, pois, logo que sentir o cheiro do leite, passa a lambê-lo, acostumando-se, assim, a beber ou a comer todo alimento que for colocado no seu prato.

⊂⊃

Graham, macho de 5 anos – Campeão Canadense e Campeão Americano – Canil Chasse – proprietários Marisa e Luiz Schiavon.

CAPÍTULO 12

A história da criação do Golden Retriever

Golden Retriever é o nome atual de uma raça de cães conhecida anteriormente como Retriever Flat Coated ou Retriever Wavy. Esses cães são parentes muito próximos de outra raça muito difundida em todo o mundo: o Retriever do Labrador ou, como é mais conhecido, o Labrador.

Se traduzirmos o nome dessa raça, Golden Retriever significa "Retriever Dourado", pois sua cor padrão é dourada. Retriever é uma palavra inglesa que define uma das principais características desse cão, que é a sua habilidade de levar para seu dono objetos que tenham sido arremessados ou que o cão saiba que o seu dono queira pegar, ou seja, "apanhador".

O Golden Retriever também é conhecido como "Yellow Retriever" (Retriever Amarelo) e "Russian Retriever" (Retriever Russo).

A raça Golden Retriever foi desenvolvida na Inglaterra, em meados do Século XIX, com o emprego de reprodutores selecionados de algumas raças existentes. O "pai" dessa raça foi o escocês Sir Dudley Majoribanks (1820 – 1894), mais conhecido como Lord Tweedmouth.

Para a formação da raça, Lord Tweedmouth utilizou reprodutores das seguintes raças:

- Tweed – Water Spaniel, raça atualmente extinta;
- Terra Nova;

- Setter Irlandês e

- Bloodhound (esta última não foi totalmente comprovada).

Existem algumas versões de como e por que Lord Tweedmouth teria criado essa raça, como veremos a seguir.

Segundo alguns historiadores, em uma visita à cidade de Brighton, na Inglaterra, Lord Tweedmouth viu um grupo de cães pastores russos, de um circo, muito bem adestrados, enquanto faziam truques e exercícios muito interessantes para uma plateia.

Por ter ficado muito entusiasmado com aqueles cães, Lord Tweedmouth procurou o proprietário dos animais para tentar comprar dois cães. No entanto, o dono disse que não poderia vendê-los, pois seria um grande desfalque para o grupo. Desta forma, Lord Tweedmouth fez uma nova oferta, dessa vez, por todos os animais, por um valor irrecusável.

Eram oito cães, que foram levados para sua propriedade chamada "Guisachan", localizada na Escócia. Entretanto, foi na sua propriedade em Inverness, também na Escócia, próximo ao famoso Lago Ness, que ele executou o seu plano de criar a nova raça.

Foi dessa maneira que se deu o início dessa bela e extraordinária raça, o Golden Retriever.

Já com os cães em sua propriedade, Lord Tweedmouth deu início a seu plano de criar uma nova raça de cães, que apresentassem as seguintes características, determinadas pelo seu criador:

- Simpatia;

- Lealdade;

- Obediência;

- Amabilidade;

- Carinho;

- Esperteza;

- Espirituosidade;

- Silencioso, para não assustar e espantar a caça;

- que gostasse de água e de nadar;
- que possuísse uma grande agilidade para recuperar, apreender e abocanhar a presa ou caça, sem a ferir ou dilacerar.

Como era um grande caçador, Lord Tweedmouth inseriu no Golden Retriever um conjunto de várias qualidades encontradas em outras raças de cães, o que, através de cruzamentos programados e bem orientados geneticamente, fez da sua nova raça uma das mais apreciadas nos tempos atuais.

Outra versão nos conta que os oito cães amarelos foram, na verdade, adquiridos pela Sra. Majoribanks, esposa do Lord Tweedmouth, que os levou para casa, pois ficou muito impressionada, não só com a habilidade, mas, especialmente, com a aparente docilidade daqueles cães amarelos.

Ainda, segundo essa versão, a Sra. Majoribanks, que há muito vivia um casamento desgastado, passou a apreciar bastante a companhia dos seus novos cães que, além de simpáticos e alegres, ainda latiam pouco e eram muito amistosos com todos os visitantes.

Somente na primeira vez que Lord Tweedmouth os teria levado para uma caçada é que teria percebido a grande capacidade que esses cães tinham em entrar na água e recuperar marrecos abatidos, trazendo-os para seu dono mais rapidamente que outros cães de caça.

Desta forma, Lord Tweedmouth teria se interessado em utilizá-los em cruzamentos com outras raças, melhorando o padrão desses incríveis e simpáticos cães amarelos, dando origem ao Golden Retriever.

Pelo fato de esses cães terem auxiliado, de diversas maneiras, o casal Majoribanks a recuperar a alegria de seu casamento, Lord Tweedmouth teria dado o nome de Golden Retriever a essa raça, não pelo fato de serem cães de pelagem dourada e ótimos "apanhadores", mas por terem ajudado o casal e terem trazido de volta os "anos dourados" para o casal...

A versão mais aceita atualmente, no entanto, relata que Lord Tweedmouth teria adquirido de um sapateiro de Brighton, na Inglaterra, por volta de 1865, um cão retriever de pelagem longa, cacheada e amarelada, chamado "Nous". Este cão teria sido a base para os cruzamentos feitos com cadelas de outras raças, que formariam a raça Golden Retriever.

Em 1911, a raça Golden Retriever foi reconhecida oficialmente pelo Kennel Club, com os nomes de Golden Retriever ou Yellow Retriever. Somente em 1920 foi adotado, definitivamente, o nome de Golden Retriever.

Nas décadas de 20 e 30 do século XX, os primeiros Golden Retrievers começaram a ser criados nos Estados Unidos e Canadá, anos antes do reconhecimento oficial por parte dos Kennels Clubs desses países.

A criação no Brasil

O primeiro Golden Retriever importado, chegado ao Brasil, foi Patrick, cujo nome de registro era Eldorado of Gold Leaf. Sua proprietária era a Sra. Yvete Tobião, que o adquiriu nos Estados Unidos, em um canil da Califórnia.

A partir dessa importação, vários Golden Retrievers foram sendo importados por outros dois canis, situados no Rio de Janeiro.

Hoje em dia, essa raça já se encontra espalhada por todo o território brasileiro.

CAPÍTULO 13

Padrão oficial da raça

O padrão oficial do Golden Retriever, segundo a Confederação Brasileira de Cinofilia, é o seguinte:

Aparência geral
Simétrico, equilibrado, ativo, poderoso, com movimentação nivelada, sadio, com expressão doce.

Comportamento/Temperamento
Obediente, inteligente, possui natural habilidade para o trabalho, amável, amigo e confiável.

Cabeça
Balanceada e bem cinzelada.

Região craniana

Crânio	*Largo sem ser grosseiro bem inserido no pescoço.*
Stop	*Bem definido.*

Região facial

Trufa	*De preferência preta.*
Focinho	*Poderoso, largo e profundo. Seu comprimento é aproximadamente igual ao comprimento do stop ao occipital.*
Maxilares/Dentes	*Maxilares fortes, com uma mordedura perfeita, regular e completa em tesoura.*
Olhos	*Marrom escuros, bem espaçados um do outro as bordas das pálpebras são escuras.*
Orelhas	*De tamanho médio, inseridas aproximadamente no nível dos olhos.*

Pescoço

De bom comprimento, seco e musculoso.

Tronco

Balanceado.

Dorso	*Nivelado.*
Lombo	*Forte, musculoso, curto.*
Peito	*Bem descido na região do esterno. Costelas profundas e arqueadas.*

Cauda

Inserida e portada no nível do dorso, alcançando os jarretes, sem curvatura na ponta.

Membros

Anteriores	*Retos, com boa ossatura.*
Ombros	*Oblíquos escápula longa.*
Braços	*De igual comprimento ao da escápula, colocando as pernas bem debaixo do tronco.*
Cotovelos	*Bem aderentes ao peito.*
Posteriores	*Fortes e musculosos.*

Joelhos	Bem angulados.
Coxas	Boas.
Jarretes	Bem descidos; retos, quando vistos por trás, não virando nem para fora, nem para dentro. Jarretes de vaca são altamente indesejáveis.
Patas	Redondas pés de gato.

Movimentação

Poderosa, com boa propulsão. Os membros anteriores e posteriores se movimentam em planos paralelos ao eixo do tronco. Passos longos e livres, sem nenhum sinal de "hackney".

Pelagem

Pelo	Liso ou ondulado, bem franjado. Subpelo denso e resistente às intempéries.
Cor	Qualquer tom de dourado ou creme. Nem vermelho, nem mogno. Somente alguns brancos no peito são permitidos.

Tamanho/Peso

Altura na cernelha: Machos: 56 a 61 cm. Fêmeas: 51 a 56 cm.

Faltas

Qualquer desvio dos termos desse padrão deve ser considerado como falta e penalizado na exata proporção de sua gravidade, assim como seu efeito sobre a saúde e o bem estar do cão.

Notas

- os machos devem apresentar os dois testículos, de aparência normal, bem descidos e acomodados na bolsa escrotal.
- todo cão que apresentar qualquer sinal de anomalia física ou de comportamento.

Sobre o autor

Márcio Infante Vieira, Médico Veterinário graduado pela Universidade Federal Fluminense, é o autor, na área de Pecuária e de animais de estimação, com o maior número de publicações no Brasil.

Foi fundador e 1º Presidente da Associação Fluminense de Cunicultura, tendo em sua vasta carreira ocupado cargos como Conselheiro do Alto Conselho Agrícola do Estado de São Paulo, Assistente da Divisão de Medicina Veterinária do Instituto Vital Brazil, membro do Conselho de Agricultura do Estado do Rio de Janeiro, Fiscal da Carteira Agrícola do Banco do Brasil, Coordenador Técnico do Banco Central do Brasil e Presidente da Associação Brasileira de Criadores de Coelhos.

Com grande experiência em Zootecnia, atuou como consultor técnico para diversos criadores, cooperativas e associações de criadores. Especializou-se em pequenos animais para criação comercial, como coelhos, rãs, minhocas, escargots, abelhas etc. Tornou-se, também, um grande pesquisador na área de animais de estimação, especialmente na de cães.

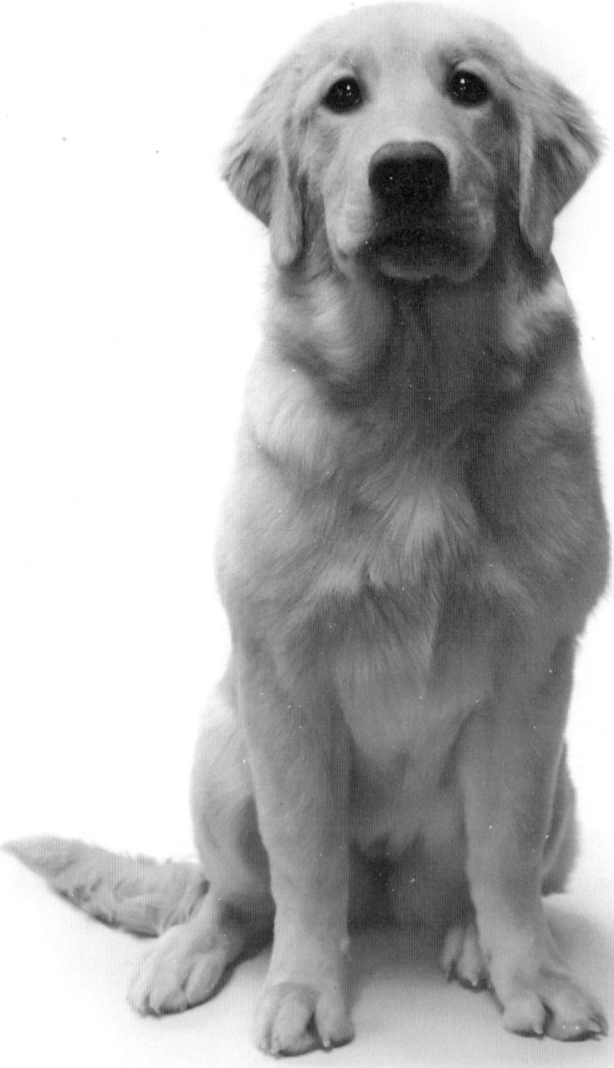